KB218105

뉴노멀생사학교육총서

4

누구나 의미 있는 삶의 완성을 원한다

호스피스 · 완화의료와 전인적 돌봄

이지원 · 정진영 지음

박문사

뉴노멀생사학교육총서 4

누구나 의미 있는 삶의 완성을 원한다
호스피스 · 완화의료와 전인적 돌봄

초판인쇄   2025년 01월 17일
초판발행   2025년 01월 25일

지 은 이   이지원 · 정진영
발 행 인   윤석현
책임편집   최인노
발 행 처   도서출판 박문사
등록번호   제2009-11호
우편주소   서울시 도봉구 우이천로 353
대표전화   (02) 992-3253
전   송   (02) 991-1285
전자우편   bakmunsa@daum.net

ISBN 979-11-92365-85-5   (04200)   **정가** 10,000원

누구나 의미 있는 삶의 완성을 원한다
호스피스·완화의료와 전인적 돌봄

첨단의학의 발전에도 불구하고 사람은 누구나 죽음을 맞이한다. 최근 인간다운 삶과 죽음에 이르는 생의 말기를 편안하고 행복하고, 더욱 의미 있게 보내려고 노력하며 소망한다. 이에 사람은 누구나 생의 마지막 단계에서 전인적 돌봄을 받을 권리가 있다.

호스피스·완화의료는 임종을 앞둔 말기단계의 환자와 가족을 대상으로 전인적 돌봄을 통해 총체적인 고통을 줄이고, 삶과 죽음의 질을 높이고자 노력하며, 유가족의 비탄과 슬픔이 치유될 수 있도록 의미 있는 돌봄 활동을 한다. 다양한 상황에서도 자기 자신의 소중한 생명에 대한 자기결정권을 통해 자기실현과 가치 있는 삶에 역점을 두고 인간답게 편안한 죽음을 맞이할 수 있도록 많은 사람에게 호스피스·완화의료 돌봄이 확대되기를 기대한다.

머리말

아름다운 마무리
A Beautiful Finish

노유자 수녀(SR. RO YOU JA)
Translated from Korean by Jack Jung

인생 열차가	The train of life
종착역에 가까워짐을 느낀다.	Is nearing the destination I can feel it.
육체의 통증은	Body's pain
갈수록 더 선명해지고	Becomes clearer as we get nearer
불안과 두려움에 사로잡힌다.	and disquiet and fear take hold.
영혼에 어두움이 드리운다.	Soul lies in shadow.
종착역 다다르기 전	Before the last stop is reached
이 길에 새겨진 후회의 말은	I want to let go of all the words
모두 '비우고 싶다!'	of regret, but
그러나	The heart remains unfulfilled

비우고 비워도 아쉬운 마음을   And I want to make it whole
오직   With words like
'사랑해, 고마워, 미안해'로만   "I love you, thank you, and I am sorry"
온전히 채우고 싶다.

우리 안에 남아 있는   My calling is to comfort
이런 저런 생채기들   the scars that remain
아낌없이 달래주고   within
그렇게 주어진 소명   to the heart's content

아름답게   Beautifully
온유하게   Gently
떠날 준비가 되어 있는   A heart made
아름다운 마무리!1)   Ready to depart -

---

1) 시 '아름다운 마무리'는 노유자 수녀님의 작품으로 아시아 · 태평양 호스
피스 · 완화의료 네트워크(APHN)의 호스피스 시 공모전에 선정되어 삶
과 죽음에 대한 시집 'to let the light in'에 수록되었다. 싱가포르의 비영
리 자선단체(Sing Lit Sation)에서는 이번 시집을 통해 독자들이 기부금
을 내면 호스피스 환자와 의료인 등에게 시집을 보내는 캠페인을 하고
있다.

사람은 누구나 죽음을 피할 수 없다. 생명과학과 첨단기술의 발달이 아무리 인간의 건강증진과 수명연장에 크게 기여하였음에도 사람은 반드시 죽음을 맞이한다. 죽음은 의학적 판단이 중요한 요건이지만, 개인적 사건으로 자기가 결정해야 할 삶의 마무리에 대한 문제이기도 하다. 최근 웰빙(Well being)과 더불어 웰다잉(Well dying)에 대한 관심이 점차 높아지면서 자기결정권, 연명의료와 더불어 호스피스·완화의료가 말기 환자에게 전인적 돌봄으로 삶과 죽음의 질을 높일 수 있는 좋은 죽음이라는 점에서 관심과 요구가 확대되고 있다. 특히 환자와 가족들은 죽음에 이르는 생의 말기(the end stage of life)에서 편안하고 의미 있는 삶과 존엄한 죽음을 맞이하고자 하는 소망이 점차 높아지고 있다. 인간은 어느 곳에서든지 좋은 죽음을 맞이할 수 있도록 전인적인 돌봄을 받을 권리가 있다.

호스피스·완화의료는 죽음을 앞둔 대상자들의 다양한 요구와 총체적 고통을 적극적으로 경감시키고 개개인의 의미 있는 삶의 완성과 품위 있는 죽음을 맞이하도록 호스피스·완화의료 전문가가 하나의 팀이 되어 환자와 그 가족을 대상으로 의료서비스를 제공함으로써 인간의 존엄성과 삶과 죽음의 질을 높이는 의미 있는 전인적 돌봄(care) 활동이다.

우리나라 호스피스 · 완화의료의 시작은 아시아에서 최초로 1965년 호주에서 온 '마리아의 작은 자매회 수녀들이 강원특별자치도의 강릉에 갈바리 의원'을 설립하여 임종자의 돌봄을 한 것이 시초이다. 1988년 국내 최초로 강남성모병원(현 서울성모병원)에 10병상의 호스피스 병동이 개설되었다. 2016년 「호스피스 · 완화의료 및 임종과정에 있는 환자의 연명의료 결정법(약칭 연명의료결정법)」이 제정되었다. 2016년 3월에는 가정형 호스피스 · 완화의료 건강보험 수가 시범사업이 확대 시행되었다.

2018년 「연명의료결정법」 시행에 의거하여 임종과정에 있는 환자의 의사를 존중하여 치료 효과가 없이 무의미하게 생명만 연장하는 연명의료를 시행하지 않거나 중단할 수 있는 연명의료결정제도에 따라 호스피스 · 완화의료 대상자가 확대되고 있다. 현재 호스피스 · 완화의료는 입원형, 가정형, 자문형, 독립형, 소아청소년 호스피스 · 완화의료와 더불어 지역사회기반의 '보건소 중심 호스피스완화케어 시범사업'이 시행되고 있다. 최근 웰다잉 문화가 확산이 되면서 웰빙과 더불어 존엄한 죽음, 품위 있는 죽음에 관심이 점차 높아가고 있다. 아울러 생애 말기에 있는 환자와 가족, 사별 가족들의 슬픔을 함께 나누고자 하는 사람들에게 호스피스 · 완화의료의 이해를 돕고, 도움이 되길 바란다. 본 책은 총 10장으로 구성되어 있으며, 1장 '호스피스·완화의료 개요'에서부터 10장 '사별 가족 돌봄'까지 호스피스·완화의료와 관련된 내용을 포괄적으로 담고자 하였다.

차례

일러두기

이 저서는 2022년 대한민국 교육부와 한국연구재단의 지원을 받아
수행된 연구임 (NRF-2022S1A6A3A01094924)

제1장
호스피스 · 완화의료의 개념

호스피스 · 완화의료는 인간의 생명 존중과 말기 환자의 총체적 고통을 경감시키고 전인적 돌봄으로 삶의 질을 높이는 적극적 돌봄을 실천하는 매우 의미 있는 활동이다.

1. 호스피스·완화의료의 정의

호스피스는 라틴어의 어원인 hospes (손님)에서 기원하였다. 주인이 손님을 환대하여 은혜 베품을 의미하는 것으로, 중세기에 예루살렘 성지 순례자들이 하룻밤 편히 쉬어가도록 휴식처를 제공하고 아픈 사람과 죽어가는 사람을 돌봐 준 것으로부터 시작되었다(Randolph, 1982). 현재 사용하는 호스피스(hospice)의 어원은 라틴어의 호스피탈리스(Hospitalis)와 호스피티움(Hospitium)에서 기원하였다. 호스피탈리스는 주인을 뜻하는 호스페스(hospes)와 병원을 의미하는 호스피탈(hospital)의 복합어이며, 호스피티움은 주인과 손님 사이의 따뜻한 마음과 이러한 마음을 표현하는 돌봄, 장소 등을 의미하며 오늘날의 호스피스(hospice)로 변화하였다. 웹스터 사전(1972)에서는 여행자를 위한 숙소, 또는 병자나 가난한 사람들을 위한 집으로 정의하며, 위키피디아(Wikipedia) 사전에는 돌봄의 한 형태로, 만성질병이 있거나 치료가 더 이상 불가능한 질환이 있는 환자의 통증, 증상의 완화에 중점을 두고 환자의 정서 및 영적 요구에 초점을 둔 간호의 형태, 돌봄의 철학으로 정의한다. 미국호스피스협회(NHO)에서는 말기환자와 가족에게 입원간호와 가정간호를 연속적으로 제공하는 프로그램이라고 하였고, 현대 호스피스의 어머니라

불리는 시슬리 손더스(Dame Cicely Saunders)는 살 가망성이 없는 질환과 투병하는 환자 및 가족에게 여생의 삶의 질을 높여주는 데 관여하는 팀이나 공동체라 하였다. 엘리자베스 퀴블러 로스(Elisabeth Kübler-Ross)는 서로의 안녕을 빌 수 있는 시간이며, 분리된 관계를 치유할 수 있을 때 서로 용서를 주고받으며, 흩어진 삶을 통합하는 시기로 여생의 몇 달, 몇 주 혹은 마지막 날이 될 수 있다고 하였다. 한편 노유자 등 (1994)은 호스피스 · 완화의료를 치료의 가능성이 없는 환자와 그 가족을 사랑으로 돌보는 호스피스 · 완화의료팀의 총체적 돌봄(holistic care)으로 정의했다. 총체적 돌봄(신체적, 정신적, 심리적, 영적 돌봄)은 환자가 여생 동안 인간의 존엄성과 높은 삶의 질을 유지하며 살다가 평안한 죽음을 맞이하도록 하며, 사별 가족의 고통과 슬픔을 경감시킬 수 있다. 종합하면, 호스피스는 임종환자가 돌봄의 공동체에서 가족 및 친지들과 함께 자신의 삶을 평온하게 정리하며 삶을 완성하도록 시간과 공간을 마련하는 것이다.

호스피스는 본래 '완치보다는 삶의 질과 안위에 초점을 두어 말기 질환의 마지막 단계에 있는 사람들을 지지하기 위해 고안된 돌봄'으로 생애말기 돌봄(end of life care)이나 완화의료(Palliative care)와 명확히 구별되지 않은 채 상호 교환적으로 사용되었다.

호스피스 · 완화의료의 두 개념은 모두 안위 제공을 목적으로 한다. '완화'라는 용어는 캐나다 호스피스 운동의 개척자인 발포어 마운트(Balfour Mount)가 1973년 St Christopher's Hospice를 방문하고 캐나다로 돌아와 동료 의사들에게 소개하면서 처음 사용하였다(Bellamy, Clark, & Anstey, 2022). 완화의료의 완화라는 용어는 '증상을 완화시킨다'는 영어 palliate에서 나왔고, 1960년대 호스피스의 성장과 함께 발전하였다. 초기에는 생애 말기 돌봄을 위주로 제공했으나 현재는 "질병의 단계와 상관없이 증상에 따른 통증 완화를 조기에 제공하여 환자의 삶의 질 향상을 목표로 하는 전문 의료영역"이다(Ryan, Wong, Chow, & Zimmermann, 2020). 1976년부터 캐나다, 영국을 중심으로 '완화 돌봄(palliative care)'이라는 용어를 사용하였고, 1987년에는 영국 왕립의과대학(Royal College of Physicians)에서 처음으로 완화의학을 전문 의료분야로 인정하였다.

세계보건기구(WHO)에서는 완화의료를 "생명을 위협하는 질환으로 인해 통증과 여러 가지 신체적, 심리 · 사회적, 영적인 문제들에 직면한 환자와 가족의 문제를 조기에 알아내고, 적절한 평가와 치료를 통해 그로 인한 고통을 예방하고 해소하여 삶의 질을 향상하기 위한 의학의 한 분야"로 정의하였다. 즉, 완화의료는 호스피스에 비해 확대된 개념으로, 임종을 앞둔 말기 환자뿐만 아니라 생명을 위협하는 질환으로 고통받는 모든 환자의 증상 조절을 목표로 하는 의료분야이며, 환자의 사망 후 가족의 사별 돌봄까지 포함하는 전인적 개념으로 확대되고 있다. 완화의료는 지역사회와 구성원들의 참여를 독려하고 돌봄의 연속성을 향상함으로써 건강 돌봄 시스템을 강화할 수 있다.

호스피스는 적극적인 치료가 중단되고 완치의 가능성이 없는 말기 진단이 분명할 때 시작된다. 보통 여명이 6개월 미만으로 예측될 때 제공한다. 각국의 의료체계와 역사적 발전 배경에 따라 호스피스, 호스피스·완화의료, 완화의료, 생애말기 돌봄과 같이 혼재된 단어를 사용한다. 일반적으로 호스피스와 완화의료는 질병의 말기 진단 시점을 기준으로 구별하는 경향이 있다. 하지만 최근에는 말기 진단 후 호스피스 돌봄을 시작하는 기존의 방식에서 벗어나 치료와 병행하여 처음부터 완화의료를 함께 제공하도록 권고하고 있다. 즉, 질병이 진행되어 말기단계에 들어가는 과정에서 완화의료와 호스피스가 연속성 있게 돌봄을 제공하는 쪽으로 발전하였다. 호스피스·완화의료 및 임종과정에 있는 환자의 연명의료결정에 관한 법률(2016년 2월 3일)에는 호스피스·완화의료를 말기 환자 또는 임종 과정에 있는 환자와 그 가족에게 통증과 증상의 완화 등을 포함한 신체적, 심리·사회적, 영적 영역에 대한 종합적인 평가와 치료를 목적으로 하는 의료로 정의한다.

호스피스 돌봄과 완화 돌봄의 차이는 다음과 같다(표 1)).

[표 1] 호스피스 돌봄과 완화 돌봄의 차이

호스피스 돌봄	완화 돌봄
말기환자와 임종환자를 위한 돌봄의 형태이다	중증환자의 상태가 말기인지 여부와 상관없이 안위 증진이 목적인 돌봄의 한 형태이다
환자 사망 후 약 1년간 사별간호 서비스가 제공된다	사별간호 서비스가 언제나 제공되는 것은 아니다
돌봄은 일차적으로 가정에서 제공된다	돌봄은 급성기, 장기요양시설 혹은 기타 상황에서 제공될 수 있다
환자는 치유적인 치료 없이 지내는 것을 선택한다.	완화 돌봄은 치유 혹은 생의 말기 치료와 연계하여 제공된다.
호스피스 메디케어 혜택으로 보전된다	메디케어나 기타 건강보험으로 보전될 수도 안 될 수도 있다.
환자의 기대수명은 6개월 이하이다.	환자의 기대수명은 돌봄의 요인이 아니다.

※ 출처: 김남초, 공은숙, 김춘길 외(2019). 말기 돌봄을 위한 호스피스 간호. 학지사메디컬.

2. 호스피스·완화의료의 철학

호스피스 운동은 과학기술의 급격한 발달로 비인간화와 사회변화의 문제로 인해 노인의 소외, 임종자에 대한 소홀함,

가치관이나 윤리관의 변화에 따른 혼란에 대한 반응으로 나타났다. 즉 인간을 바라보는 관점에 초점을 두어 인간 존중과 인간 이해, 자기결정과 인도주의, 인간을 전체적으로 이해하는 총체주의(holism) 사상과 철학을 기반으로 발전되었다. 기존 의학은 의사 중심의 결정 방식과 질병의 완치를 목적으로 하는 병원 서비스 제공이 주가 되어 왔다. 반면 호스피스 · 완화의료는 환자와 그 가족이 중심이므로 호스피스 돌봄 제공자와의 긴밀한 의사소통을 통해 치료 방향을 결정하고 치료목표를 증상 완화와 삶의 질 향상에 둔다. 즉 호스피스 · 완화의료의 철학은 인간의 존엄성과 생명존중의 정신에 근본을 둔다. 이러한 철학을 바탕으로 한 호스피스 · 완화의료의 목적은 다음과 같다. 첫째, 죽음의 과정을 삶의 자연스러운 과정으로 보아 생명을 연장하거나 단축하지 않고 여생의 삶의 질을 높이고자 하며, 임종까지 인간의 존엄성 유지를 위한 돌봄을 제공한다. 둘째, 인간의 내적 성장과 말기환자와 가족이 지닌 고유의 잠재성 보존과 증진을 위해 나이, 성별, 국적, 인종, 신념, 성적 지향, 장애, 의학적 진단, 주 돌봄 제공자와 치료비 유무에 상관없이 환자와 가족을 돌본다. 셋째, 환자의 고통 경감과 안위를 도모하여 삶의 질을 높이고 존엄한 죽음을 맞이할 수 있게 신체적 증상 및 환자가 호소하는 총제적 고통을 조절하기 위해 다학제간의 호스피스 ·

완화의료팀이 전인적 돌봄을 제공한다. 즉, 환자가 원하는 삶의 질이 무엇인지를 파악하고, 질병 과정, 임종기, 사별 기간까지 전반에 걸쳐 환자와 환자의 가족에게 최선의 삶의 질을 유지하도록 돕는 것이 호스피스 · 완화의료의 기본적인 취지이다.

3. 호스피스 · 완화의료의 역사

1) 고대

그리스에서 여행자들은 제우스 신의 보호 아래 있다고 믿어 그들에게 의식주를 제공하는 풍습이 있었다. 로마에서도 주인과 손님 사이에 특별한 관계가 있어 주피터 신의 축복을 받는다고 믿었다. 이러한 풍습으로 인해 고대 그리스와 로마의 성지 순례자들과 병자들은 성전을 이용하였고, 이에 병자를 위한 치유의 성전인 에스쿨라피아(Aesculapa)가 생겼다. 후기 로마와 초대 그리스도교 시대에는 순례자들에게 숙박소를 제공하는 인도주의적 봉사활동을 하는 제노도키아(Xenodochia)가 있었다. 그 당시 초기의 병원은 종교적 이유에서 자연발생적으로 시작되었다.

2) 중세

호스피스는 예루살렘으로 가는 성지 순례자나 여행자가 쉬어가던 휴식처를 의미하며, 아픈 사람과 죽어가는 사람들을 위해 숙박소와 돌봄을 제공하는 것에서 시작되었다. 십자군 전쟁 시기에는 호스피시아(hospitia)가 여행자의 휴식처로써 음식, 의복 등을 제공하기도 하였다. 그리고 이러한 활동을 지속하기 위한 수도회가 창설되었다. 이 시기에는 성지순례 중에 임종하는 사람을 특별히 존경했으며 세심한 돌봄을 제공하였다. 또한 임종 직전의 환자에게는 천국의 문이 크게 열려 있다고 믿었다.

3) 현대 유럽

종교개혁 이후에는 병자와 가난한 자를 위한 수도원의 지원이 현저하게 줄어들면서 의사나 신자들이 물려받아 호스피스 서비스를 제공하였다. 현대적 호스피스는 17세기 초 아일랜드 더블린에서 성 빈센트 폴(Saint Vincent de Paul)이 '자비의 수녀회(Sister of Charity)'를 창립하여 병든 사람, 길거리의 행려자, 사회에서 소외되고 버림받은 환자들을 위한 돌봄을 제공한 것에서 시작되었다. 이러한 활동은 프랑스의 호스피스 활동으로 연결되었고, 19세기 초 독일에서는 자비의 수녀회(Sister of Charity)를 창립하여 임종자를 돌보았다. 자비의 수녀회는 1879년 아일랜드 더블린에 성모호스피스(Our Lady's hospice)를 개설하고, 1905년에는 런던에 성요셉 호스피스를 설립하였다. 이 두 호스피스는 많은 장기환자를 수용하였고, 죽어가는 환자들에게 간호와 영적 지지를 제공하며, 오늘날 호스피스가 임종환자를 보살피는 의미로 정착하는 계기가 되었다. 이후 호스피스는 점차 의료진에 의해 제공되기 시작하면서 지금의 형태로 발전하였다. 1950년대 후반에 현대 호스피스의 선구자인 영국의 시슬리 손더스는 현대의학에서 완화의료(palliative care)를 강조하였다. 1967년 시슬리 손더스는 성요셉병원에서 발전시킨 호스피스 프로그램을 성크리토퍼 병원에 도입하였다. 손더스는 초기의 호스피스에서 제공했던 영적, 정서적 지지와 더불어 말기 질환과 관련된 증상과 통증 조절에 초점을 두었고, 완화의료는 개별적인 호스피스, 가정치료, 지속적인 치료, 증상 조절이라는 새로운 개념과 함께 현대 호스피스의 모태가 되었다.

4) 미국

1963년 시슬리 손더스가 미국을 방문하여 호스피스에 대해 한 강연이 크게 호응을 받았다. 그리고 5년 후인 1968년 예일 뉴헤븐(Yale New Haven)에서 가정 호스피스가 시작되었다. 1969년에는 엘리자베스 퀴블러 로스의 '인간의 죽음

(On Death and Dying)'이 출판되면서 미국에서 죽음과 말기 환자 돌봄에 대한 관심이 점차 높아졌다. 엘리자베스 퀴블러 로스는 '죽음의 단계'를 ① 부정과 고립, ② 분노, ③ 협상, ④ 우울, 그리고 ⑤ 수용의 다섯 단계로 정립하여, 사람들이 죽음을 삶의 일부로 받아들여 삶을 더욱 잘 이해하고 현재의 삶을 충실히 살아가도록 하였다. 이러한 노력은 사회적인 반향을 일으켰고, 죽음이라는 주제는 의학 및 의사들만의 영역에서 개인의 사적인 영역으로 확장되었다. 1971년 호스피스 협회가 결성되고 코네티컷에서 가정 호스피스 프로그램을 최초로 시작하였다. 뉴욕의 성 누가 루스벨트 병원은 1975년 내과와 암병동에 산재형(분산형)의 호스피스를 운영하였으며, 이는 미국의 유일한 호스피스 모델이 되었다. 1979년 코네티컷 호스피스는 44병상의 입원시설을 갖추고 환자를 돌보기 시작하였다. 1978년 미국호스피스협회는 호스피스·완화의료 프로그램의 원칙과 표준을 만들었고, 2000년 미국호스피스·완화의료협회로 명칭을 개정 후 지금까지 운영되고 있다. 1982년 의회에서 메디케어 호스피스 급여 적용이 제정되면서 미국의 호스피스 프로그램이 본격 운영되기 시작하였다.

1979년 워싱턴주는 세계 최초로 '자연사법(Nat-ural Death Act)'를 제정하였다. 이 법의 목적은 생애 말기 상태에서 자연

스러운 죽음의 과정을 선택할 권리를 인정하는 것이다. 미국
은 65세 이상 노인에 대한 공공의료 보장 체계인 메디케어
(Medicare)와 주로 저소득층에게 제공되는 보험인 메디케이
드(Medicaid) 급여를 주요 재원으로 호스피스 서비스를 제공
하고 있다. 서비스 제공 장소는 독립형 호스피스 · 완화의료
기관, 병원 중심 호스피스 · 완화의료기관, 가정중심 호스피
스 · 완화의료기관, 간호요양원의 호스피스 서비스 형태로 구
성되었다. 미국은 입원비가 매우 비싼 까닭에 가정형 호스피
스 · 완화의료를 선호하고 있다. 호스피스 · 완화의료 제공자
는 의사, 간호사, 사회복지사, 성직자 또는 영적 상담자, 가정
건강 조력자, 요법사, 자원봉사자 등이 있다. 근세에 치료를
위한 병원은 급성장하였으나 임종 환자를 돌보는 호스피스
는 매우 제한되었다. 현대의학 기술에 의존하는 의사들은 죽
음을 부정하면서 '치료 불가능'이라는 상태를 수용하지 않았
다. 또한 대부분의 병원들은 급성기 환자의 진단과 재활을
위해 설비되어 있으며 그에 비해 총체적 돌봄은 상당히 미흡
한 수준이다.

5) 한국
한국 호스피스 · 완화의료의 기원과 발전
한국은 1965년 '마리아의 작은 자매회' 호주 수녀들이 강

릉에 '갈바리의원'을 설립, 아시아 최초로 호스피스 활동이 시작되었다. 1980년에는 개신교와 천주교를 중심으로 가정 호스피스를 시작하였다. 1981년 가톨릭의과대학 성모병원에서 의과대학 및 간호대학 학생들과 의사, 간호사, 수녀들이 호스피스 연구모임을 시작하였고, 1988년에는 한국 최초로 강남 성모병원에 호스피스과를 신설하고 14병상의 호스피스 병동이 설립되었다. 같은 해 세브란스병원 암센터와 이화여대에서 가정 호스피스 프로그램을 시작하였다. 1990년대 들어 종교계를 중심으로 호스피스 활동이 활발해졌다. 먼저, 1991년 개신교를 주축으로 하는 한국호스피스협회가 설립되었고, 1992년에는 천주교가 주축이 된 한국가톨릭호스피스협회가 창립되었다(한국불교호스피스협회는 2009년 창립). 1996년 에는 WHO에서 가톨릭대학교 간호대학을 호스피스 협력센터(Collaborating Center for Hospice and Palliative care)로 지정하여, 아시아 최초의 호스피스 교육 연구소를 설립하고 호스피스 상급 간호사 과정을 개설하였고, 한국 호스피스 분야의 국제적인 활동이 시작되었다. 이후 1998년 한국호스피스 · 완화의료학회가 창립되면서 의료계에 호스피스가 정착되기 시작하였다. 2003년에는 한국호스피스 · 완화의료간호사회가 발족되었다.

호스피스 · 완화의료의 국가 정책화

우리나라의 호스피스는 아시아 최초로 도입되었을 만큼 그 출발이 빨랐음에도 불구하고 정부의 제도적 지원은 2000년 이후에 이루어졌다.

2002년 보건복지부가 호스피스 완화의료 제도화 및 법제화를 위한 시범사업 계획을 수립하고, 2003년 말기 암 환자 호스피스 서비스 시범사업을 시행하면서 본격적인 국가의 개입이 시작되었다. 2006년 '말기 암 환자 전문의료기관 지정 기준 고시'를 신설하여 완화의료 전문기관의 인력과 시설, 장비 기준 등을 제시함으로써 호스피스 · 완화의료 서비스의 질적 표준을 마련하였다. 2011년 6월 암관리법 개정을 통해 호스피스 · 완화의료 이용에 대한 법적 근거를 만들었고, 2017년 '호스피스 · 완화의료 및 임종 과정에 있는 연명의료결정에 관한 법률(약칭: 연명의료결정법)'의 시행으로 다양한 호스피스 · 완화의료 정책과 제도의 체계가 이루어지고 있다.

참고문헌

가톨릭대학교 간호대학 호스피스 연구소. 2022. 호스피스 완화돌봄. 현문사.

김남초, 공은숙, 김춘길 외. 2019. *말기돌봄을 위한 호스피스 간호*. 학지사메디컬.

노유자 외 공저. 2018. *호스피스 · 완화의료*. 현문사.

노유자, 한성숙, 안성희, 김춘길. 1994. *호스피스와 죽음*. 현문사.

보건복지부. 2023. 호스피스 · 완화의료 사업안내.

성숙자. 2006. 임종 전 환자에 대한 호스피스의 활동에 관한 연구 ─환자의 심리적 요인을 중심으로─. 가야대학교 행정대학원, 석사학위논문.

중앙호스피스센터. 2018. *완화의료 팀원을 위한 호스피스 · 완화의료 개론*(2018년 개정판).

한국호스피스완화간호사회. 2021. *호스피스완화간호*. 현문사.

Bellamy, A., Clark, S., & Anstey, S. 2022. The dying patient: Taboo, controversy and missing terms of reference for designers─an architectural perspective. *Medical Humanities*, 48(1), E2-E9.

National Hospice Organizational. 1998. Committee on the Medicare Hospice Benefit and End ─of-Life Care. *Final Report to the Board of Director.* Arlington, VA: 23-25.

Randolph, J. 1982. A federal role in hospice care? *American Psychologist*, 37(11), 1249.

제2장
호스피스 · 완화의료 관련 법

연명의료결정법의 목적은 '호스피스 · 완화의료와 임종
과정에 있는 환자의 연명의료와 연명의료 중단 등 결정 및
그 이행에 필요한 사항을 규정함으로써 환자의 최선의 이익
을 보장하고 자기결정을 존중하여 인간으로서의 존엄과 가
치를 보호하는 것'이다.

우리나라의 호스피스·완화의료는 법령이나 제도에 의해 수립되고 추진되었기보다는 제도나 법령의 일부에 제시된 근거에 의해 부분적으로 시행되었다.

2003년 5월 암관리법이 제정되었고, 제11조에 말기 암환자관리사업을 명시하면서 법적 근거에 의한 정부의 호스피스·완화의료 정책이 시작되었다. 이후 단독법 필요성이 제기되었고, '연명의료 중단결정'이 사회적 이슈와 함께 2016년 2월 '호스피스·완화의료 및 임종과정에 있는 환자에서 연명의료 결정에 관한 법률(약칭: 연명의료결정법)'으로 연명의료결정법과 호스피스·완화의료의료법이 통합되어 발표되었다.

1. 암관리법

1996년 제1차 암관리종합계획(1996~2005년)을 통해 국가 암관리사업의 기반 조성과 암관리법이 제정되었고, 2008년에 말기 암환자, 호스피스·완화의료에 대한 내용이 포함되었다. 당시 대국민 홍보에도 불구하고 일반인들은 '호스피스는 죽으러 가는 곳'이라는 부정적 인식이 많았다. 이에 '호스피스' 대신 '완화의료'를 공식용어로 사용하자는 움직임이 있었다. 하지만 '완화의료'라는 용어가 '호스피스'에 국한되어 사용된다는 비판이 꾸준히 제기되자, 원래대로 '호스피스 · 완화의료'라는 용어로 바뀌게 되었다.

2008년 보건복지부는 호스피스 · 완화의료 전문의료기관 지정기준을 고시하였다. 그리고 완화의료는 '통증 및 증상 완화, 신체적, 심리 · 사회적, 영적 영역에 대한 포괄적인 평가와 치료를 통해 환자 및 가족의 삶의 질 향상을 목적으로 하는 의료'로 정의하였다. 또한 말기 암환자가 의사결정 능력이 없는 경우 대리인을 선임하여 환자 개인의 자기결정권 행사를 돕도록 하였다. 2009년 말기 암환자 호스피스 · 완화의료 건강보험수가 시범사업이 시작되었고, 2011년에 암관리법을 개정, 말기 암환자 대상의 호스피스 · 완화의료 법적 근거를 마련하면서 호스피스 · 완화의료 활성화 대책, 지역거점공공병원 신설 및 확대 지원, 완화의료팀 인력을 기본적으로 의사, 간호사, 사회복지사로 구성하도록 하였다. 가정호스피스 · 완화의료의 도입과 병동호스피스 · 완화의료의 시범사업 후 본 사업으로 계획하였다. 또한 의료기관평가인증원과 함께 말기 환자 돌봄 평가 기준을 만들고 완화의료전문기관 지정과 취소를 강화하면서 '완화의료'를 '호스피스 · 완화의료'로 명칭을 바꾸었다. 병동 입원 시 간병부담을 줄이는 방안으로 암관리법에서 필요한 내용을 2014년도에 마련하기로 하였다. 2015년 7월 15일 말기 암환자 대상의 입원형 호스피스·완화의료에 대한 건강보험 수가를 도입하였다. 가정형 호스피스는 2016년부터 건강보험수가 시범사업이 시작되어 2020년 9월부터 수가를 적용하였고, 2017년에는 자문형 호스피스의 수가를 적용하였다. 소아청소년 완화의료 시범사업은 2018년부터 실시하였다. 현재 호스피스 기관은 입원형, 가정형, 자문형, 소아청소년 호스피스 유형으로 운영되고 있으며, 호스피스 기관 운영의 총괄과 지원을 위한 중앙호스피스센터(국립암센터)와 10개의 권역별 호스피스센터가 운영되고 있다. 호스피스 홍보를 위한 호스피스 자원봉사 기념식, 음악회 등 여러 형태의 호스피스의 날 행사를 한국호스피스·완화의료학회, 보건복지부, 국립암센터 등 여러 단체에서 했으나 2014년부터 국립암센터 주관으로 공식적으로 제1회 호스피스·완화의료 기념식을 하였다.

2016년 2월 암관리법의 호스피스·완화의료 관련 내용을 기초로 한 '연명의료결정법'에서 매년 10월 둘째 주 토요일을 '호스피스의 날'로 정하였다. 2016년 암관리법 개정에서 말기 암환자의 호스피스·완화의료에 관한 내용은 연명의료결정법이 효력을 발휘하는 2017년 8월 4일부터 암관리법에서 삭제되었다.

2. 호스피스·완화의료 및 임종과정에 있는 환자에서 연명의료 결정에 관한 법(약칭: 연명의료결정법)

'의학적 권고에 반하는 퇴원'과 '연명치료의 중단'은 별개의 개념이다. 의학적 권고에 반하는 퇴원(discharge against medical advice)은 '회복 가능성이 높음에도 불구하고 의사의 치료 권고에 반하는 퇴원'을 말한다. 이에 연명의료결정법의 목적은 '호스피스·완화의료와 임종 과정에 있는 환자의 연명의료와 연명의료 중단 등 결정 및 그 이행에 필요한 사항을 규정함으로써 환자의 최선의 이익을 보장하고 자기결정을 존중하여 인간으로서의 존엄과 가치를 보호하는 것'이다. 즉, 연명의료결정법은 인간의 자기결정권을 토대로 환자는 의료행위에 대해 거부의 의사표시를 할 수 있으며 거부 의사표시를 따를 때 죽음에 이르더라도 언제나 유효하다. 하지만 환자는 사전의사표시를 통해서 의료행위에 대해서만 거부할 수 있다.

1) 법 제정의 배경

우리나라에서 연명의료 관련 논의의 시발점은 1997년 보라매병원 사건(대판 2004.6.24. 선고 2002도995 판결)과 2009년 김할머니 사건(대판 2009. 5. 21. 선고 2009다17417; 헌재

2009. 11. 26. 2008헌 마385.)으로, 두 사건은 존엄하게 죽을 권리에 대한 사회적 논의와 법제정의 필요성에 대한 본격적 논의의 계기가 되었다.

(1) 보라매병원 사건

보라매병원 사건은 국내 연명의료 중단의 시발이 된 사건으로 1997년 12월 4일 술에 취해 화장실에 가다 시멘트 바닥에 넘어져 머리를 다쳐 경막외 출혈이 발생, 뇌수술을 받고 인공호흡기에 의해 생명을 유지하던 환자를 아내의 요청으로 퇴원시킨 사건이다. 2004년 6월 대법원은 의사와 수련의에게 살인방조죄를 적용해 각각 징역 1년 6개월에 집행유예 2년을 선고한 원심(2심)을 확정하였다. 환자가 사망할 가능성이 있다는 점을 알면서도 의사가 보호자의 요청에 못 이겨 퇴원을 허락할 경우 살인방조죄에 해당한다는 것이 대법원의 시각이었다. 대법원은 '의사가 환자를 집으로 후송하고 호흡 보조장치를 제거하는 등 살인 행위를 도운 점이 인정되는 만큼 살인방조범으로 처벌한 원심의 판단은 정당하다'고 판결했다.

이 사건은 환자가 술에 취해 정신을 잃은 상태에서 병원 응급실로 후송되었다. 환자는 응급 수술을 받아야 하는 상황이었으며, 의식이 없는 상태였기 때문에 환자의 뜻을 알 길이 없었다. 환자가 생전에 자신의 임종 의료에 대한 어떠한 결정을 한 적이 없었고, 환자의 의사를 추정할 수 있는 단서가 전혀 없었다. 환자의 부인은 남편이 사업 실패 후 직업 없이 가족에게 구타를 일삼았고, 남편이 살았을 경우 가족에게 짐만 될 것이라는 판단과 치료비에 대한 경제적 부담을 이유로 퇴원을 요구했다. 1997년 12월 6일 오후 2시 의료진은 퇴원 시 사망 가능성을 설명하였고, 환자의 부인에게 퇴원 후 피해자의 사망에 대해 법적인 이의를 제기하지 않겠다는 귀가 서약서에 서명을 받고 수련의를 동반하여 집으로 퇴원시켰다. 집에 도착한 뒤 수동으로 실시하던 인공호흡 시술 중단과 기구 제거를 하였다. 인공호흡을 중단하고 5분 뒤 환자는 사망하였다. 법원은 정상을 참작하여 의료진은 물론 피해자의 부인에게도 집행유예를 선고하였다. 살인죄의 방조범으로 처벌받은 의료진은 상고하였으나 대법원은 상고를 기각하였다. 이 사건은 소생 가능성이 남아 있는 환자에 대한 판결로 생명에 대한 경제적 논리가 영향을 미친 판결이었기에 살인방조죄를 의료진에게 적용하였다. 하지만 판결에 대한 의료인들의 과대해석으로 소생 가능성이 없는 환자 보호자의 퇴원요구도 거절하고 중환자실 등에서 무의미한 연명의료를 시행하는 경우가 빈번하게 발생하였다.

보호자의 연명의료 요구나 중단 요구와 관계없이, 연명의료가 환자에게 이익이 되는지에 대한 판단은 의료진의 전문 영역으로 존중받았다. 하지만 보라매병원 사건을 계기로, 의료계는 연명의료의 불필요성에도 불구하고 임종 직전에 연명의료를 하는 방향으로 바뀌었다. 또한 의학적 권고에 반하는 퇴원뿐만 아니라 회복 가능성이 매우 낮은 환자에도 연명치료를 중단하면 살인방조죄로 처벌받는다며 퇴원을 거부하였고, 소생, 연명의 가능성이 없는 환자에게 퇴원 서약서를 받고 집으로 모시던 관행도 점차 사라지게 되었다.

(2) 김 할머니 사건

2008년 2월 18일 김 할머니는 세브란스 병원에서 폐암 진단을 위해 기관지 내시경을 이용한 폐 조직 검사 중 과다 출혈 등으로 심정지가 발생하였다. 의료진은 심폐소생술을 시행하여 심박동 기능을 회복시키고 인공호흡기를 부착하였으나 환자는 결국 저산소성 뇌손상으로 뇌사상태에 빠졌다. 그러나 중환자실에서 인공호흡기 부착, 항생제 투여, 인공영양 공급, 수액 공급 등의 치료는 지속되었다. 자녀들은 어머니께서 평소에 "호흡은 하나님의 것이지 기계로 연명하는 것은 의미가 없다. 혹시 나에게 그런 일이 있으면 절대로 하지 마라"고 하셨다며, 병원 측에 인공호흡기 제거를 요구하였다. 하지만 병원은 이를 거절했다. 이에 2008년 6월 2일 환자와 자녀들은 병원을 상대로 연명치료장치 등의 제거를 법원에 소송(서울서부지방법원 2008가합6977) 제기하였다. 이에 법원은 2008년 11월 28일 자녀들의 청구를 기각하고, 환자의 청구만 받아들여 '병원은 환자에 대하여 인공호흡기를 제거하라'는 연명치료 중단 판결을 선고하였다. 병원은 불복하여 항소하였으나 2009년 5월 21일 대법원에서 상고기각판결이 선고되어 연명치료 중단의 일반적 요건을 아래와 같이 판시하였다. '식물인간 상태인 고령의 환자를 인공호흡기로 연명하는 것에 대하여 질병의 호전을 포기한 상태에서 현 상태만을 유지하기 위하여 이루어지는 연명치료는 무의미한 신체침해 행위로서 오히려 인간의 존엄과 가치를 해하는 것이며, 회복 불가능한 사망의 단계에 이른 환자가 인간으로서의 존엄과 가치 및 행복추구권에 기초하여 자기결정권을 행사하는 것으로 인정되는 경우에는 연명치료 중단을 허용할 수 있다.'고 선고하면서 제1심판결이 유지 확정되었다. 이에 2009년 6월 23일 10시30분경 연명치료중단 판결에 의거 인공호흡기를 제거하였으나 환자는 제거 후에도 자발호흡으로 201일 동안 연명하다가 2010년 1월 10일 사망하였다. 회생이 불가능하고, 임종단계에 이른 환자의 경우로 평소에 환자가 연명의료 장치 거부를 밝힌 가족들의 증언을 토대로 인공호흡기의 제거를 법원이 허락한 최초의 사례이다. 사회의 반향이 컸던 대법원의 판결에는 법제정을 촉구하는 내용이 있었다. 법조계는 대법원이 무의미한 연명치료 지속이 인간의 존엄과 가치를 해치는 행위라고 한 것은 치료 주권이 의사에게 귀속된 절대적 권리가 아니라 제한적 조건에서 환자에게로 이동할 수 있다는 것을 천명한 판결이라고 하였다. 의료계는 환자와 가족의 정신적, 육체적 고통 해소 및 의료진과의 갈등 해결의 근거 마련에 의미가 있다고 하였다.

이처럼 김 할머니 사건의 대법원판결 이후 존엄사와 관련하여 형성된 다양한 담론과 토론은 의료계, 정부, 민간 차원의 다양한 노력으로 이어졌으며, 연명의료결정법이 제정되는 계기가 되었다.

2) 연명의료결정법

2013년 국가생명윤리심의위원회의에서 '연명의료 결정 제도화 권고안'이 마련되었고, 이를 바탕으로 보건복지부는 입법 공청회를 통해 의료계, 법조계, 환자단체, 종교계 등 각계의 다양한 의견을 청취하고 논의, 조정하였다. 2015년에는 국가생명윤리심의위원회 업무지원 기관이 지정되었다. 2016년 '호스피스·완화의료 및 임종과정에 있는 환자에서 연명의료 결정에 관한 법률(이하 연명의료결정법)'이 제정되었고, 2018년 2월 4일 시행되었다. 연명의료결정법이 지니는 의의는 '연명의료에 대한 기본원칙, 연명의료결정의 관리 체계, 연명의료의 결정 및 그 이행 등에 필요한 사항을 정하여 임종 과정에 있는 환자의 연명의료결정을 제도화함으로써 환자의 자기결정을 존중하고 환자의 존엄과 가치를 보장하며, 호스피스·완화의료에 대한 체계적이고 종합적인 근거 법령을 마련하고, 암환자에 국한되어 있는 호스피스·완화의료 서비스를 일정한 범위의 말기환자에게 확대 적용함으로써 국민 모두에게 인간적인 품위를 지키며 편안하게 삶을 마무리할 수 있도록 하려는 것'이다. 즉 연명의료결정법은 임종환자의 죽음에 대한 자기결정권과 존엄함을 헌법에서 보장하는 것이며, 이는 존엄사에 대한 사회적 요구와 합의된 결과물이다.

3) 연명의료결정법의 논란과 개선 방안

현재 시행되고 있는 연명의료결정법은 의료현장 및 사회 각층의 목소리를 반영한 결과물인데도 불구하고 한계성을 드러내고 있다. 두 개의 제도를 하나의 법으로 포함하기로 했으면 연결고리를 명확하게 해야 하는 데 연결 시켜줄 법 조항이 빠져있기 때문이다. 지금부터 호스피스·완화의료에서의 현안과 개선점을 하나씩 살펴보자

첫째, 연명의료 중단 이외의 유보 내용이다. 현장에서 '인공호흡기를 달면 떼기가 힘들다'라는 환자나 보호자의 인식

때문에 완치나 생명 유지가 가능한 환자가 인공호흡기의 필요에도 불구하고 달지 않으려 하여 제외한다면 생명 경시 풍조가 확장될 우려가 있다. 윤리적 면에서도 중단과 유보는 어떤 것이 더 심각한지 비교가 어려울 만큼 똑같은 정도의 심각성을 갖기에 둘을 다르게 볼 수 없다는 것이다. 호스피스에서는 연명의료 중단보다는 앞으로 임종기에 예상되는 연명의료 행위를 하지 않겠다는 유보가 대부분이다. 즉 호스피스의 선택은 유보를 전제로 하는 것이다. 그러나 호스피스·완화의료 대상자에게 반복적으로 확인하는 것은 환자들의 불안감 증가나 섬망 등 예기치 못한 결과의 발생 가능성이 높아질 수 있으므로 일률적으로 연명의료 중단 결정 절차를 적용하는 것은 적절치 않다.

둘째, 대리인 조항 보완이 필요하다. 연명의료계획과 이행 대리인은 환자가 미성년자일 때만 해당이 된다. 환자가 의사결정능력이 없는 경우 호스피스·완화의료 이용동의서 대리 작성(제28조)에만 대리인 역할이 한정되며, 의학적으로 의사 표현을 할 수 없는 상태일 때 연명의료에 관한 환자의 명시적 의사표시가 없었다면 환자 가족 전원의 결정으로 연명의료중단 등 결정을 할 수 있다(제18조). 그러나 가족 전원의 합의가 어려운 경우가 있고, 독신인 경우 환자가 사전에 지정한 대리인이 있다면 그가 결정을 하는 것이 환자의 자기결정권을 존중하는 방법이라는 점에서 지정대리인 제도의 도입이 필요하다. 지정대리인은 환자와 지속적인 관계 유지 및 환자의 신념, 인생관, 철학 등을 이해하고 공감하여 정확하게 이를 반영할 수 있는 사람이어야 한다.

셋째, 호스피스 · 완화의료 대상 질환은 암, 후천성면역결핍증, 만성폐쇄성 호흡기질환, 만성 간경화, 만성 호흡부전, 그 밖에 보건복지부령으로 정하는 질환이다. 호스피스 대상 질환을 대폭 확대하거나 향후 사회의 변화에 따라 규정 내용의 삭제를 고려할 필요가 있다.

넷째, 호스피스 · 완화의료가 안락사나 존엄사로 오인 받을 가능성이 많다는 지적이 있다. 모든 임종기 환자에게 호스피스 · 완화의료를 적용할 수 없는 현실임에도 사전연명의료의향서나 연명의료계획서를 작성할 때 호스피스 · 완화의료 이용 계획을 물어보는 것은, 호스피스 서비스를 제공해 줄 수 있거나 호스피스 서비스는 임종기에만 받아야 하는 것으로 오해를 불러일으킬 소지가 있다. 시행규칙(별지 제1호, 제6호서식, 개정 2023. 7. 31.)에는 여전히 호스피스 이용 계획을 묻는 내용이 있다. 이는 환자들에게 거부감을 줄 수 있으며, 임종에 임박한 시기에만 의뢰가 되어 실질적인 호스피스 · 완화의료보다 임종 돌봄만 제공하는 결과를 초래할 수 있다.

다섯째, 시행규칙(별지 제1호, 제6호서식)에 '환자 사망 전 열람 허용 여부'를 묻는 내용이 있다. 이는 환자의 결정을 가족이 변경할 수 없도록 보호해 주거나, 가족에게 알리고 싶지 않은 의료정보를 환자 자신이 선택하도록 하는 자기결정권 존중, 사생활 보호의 정신이 담겨 있다. 하지만 이 내용은 오히려 환자가 연명의료 결정에 관한 내용을 가족에게 알리지 않고 임종할 수 있다고 해석되어 적절한 의료서비스를 받지 못해 환자가 얻을 수 있는 최선의 이익에 반할 수도 있다. 이에 작성자는 자신의 신념을 가족과 공유하고 존중받은 상태에서 사전연명의료의향서나 연명의료계획서를 작성하는 것이 바람직하다.

여섯째, 임종기 환자가 삼킴능력과 소화능력이 없는 상태에서 영양분, 물 공급을 중단할 수 있는지 모호하다. 제19조 제②항에 '연명의료중단등 결정이행 시 통증 완화를 위한 의료행위와 영양분 공급, 물 공급, 산소의 단순 공급은 시행하지 아니하거나 중단되어서는 아니된다'고 되어 있다. 미국의 경우에는 영양분 공급은 특수 연명의료의 범주로 의료인이 관여할 영역으로 보고 있다. 이에 '단순 공급'에 대한 해석을 어떻게 하느냐가 관건이 될 수 있다.

일곱째, 연명의료결정법의 적용이 어려운 영역에서는 기존의 DNR(Do-Not-Resuscitate, 심폐소생술 거부) 제도의 이용에 대한 지속적 지원과 보완이 필요하다.

여덟째, 호스피스 전문기관의 수가 절대적으로 부족할 뿐 아니라 지역적으로도 편재되어 있어 개선이 필요하다. 또한 호스피스·완화의료의 확대와 이용증진을 위해, 지역사회 연계체계의 활성화를 위한 거버넌스 구축이 필수적이다.

이외에도 연명의료결정법의 장점에도 불구하고, 연명의료 중단 범위 또한 존엄사의 근본 취지에 비추어 너무 제한적이라는 지적이 제기되고 있다. 또한 현재 연명의료결정법이 시행 중임에도 연명의료결정제도와 호스피스·완화의료에 대한 국민의 인식은 매우 부족하다. 따라서 적극적 홍보와 생명존중 교육의 강화가 필요하다.

참고문헌

김승환. 2021. 연명의료중단 결정의 법적 의미와 보험법적 쟁점에 관한 연구. 고려대학교 법무대학원, 석사학위 논문.

김창곤. 2017. *한국의 호스피스완화의료정책*. 한국호스피스·완화의료학회: 8-17.

설민우. 2020. 보라매병원 사건과 김 할머니 사건을 통해 본 국가 법과 관습의 상호작용. 연세대학교 법학원구원 공공거버넌스와 법센터, *연세공공거버넌스와 법*, 11(1): 89-103.

이봉숙. 2024. 연명의료결정법이 지닌 한계와 개선방안에 대한 연구. *콘테츠와 산업*. 6(10): 1-5.

이은상. 2023. 고령자 웰다잉(Well-Dying)을 위한 법제 개선 방안 (1) ─호스피스·완화의료와 연명의료결정을 중심으로─. *행정법이론실무학회*, 72: 63-89.

한국호스피스·완화의료학회. 2018. *호스피스·완화의료*. 군자출판사.

제3장
우리나라 호스피스 · 완화의료의 체계

호스피스 · 완화의료팀은 환자 중심의 돌봄을 수행하는 다학제 팀으로 병동형 또는 병원 내 자문팀의 구조로 의료기관에서 근무하며, 전문화된 호스피스 · 완화의료 서비스를 제공한다.

호스피스 · 완화의료의 유형은 ① 입원형, ② 자문형, ③ 가정형, 그리고 ④ 소아청소년[2] 호스피스 · 완화의료로 분류된다.

---

2) 제8장 특수대상 호스피스 · 완화의료 참고

1. 한국 호스피스 · 완화의료의 체계

1) 호스피스 · 완화의료팀 구성

호스피스 · 완화의료 서비스는 기본적으로 팀으로 활동하는 고유의 특성이 있다. 호스피스 · 완화의료팀은 환자 중심의 돌봄을 수행하는 다학제 팀으로 병동형 또는 병원 내 자문팀의 구조로 의료기관에서 근무하며, 전문화된 호스피스 · 완화의료 서비스를 제공한다. 전문가들의 역할은 상황에 따라 다소 다르지만 가용할 수 있는 모든 자원의 이용과 서로 간 회의를 통해 돌봄을 시행한다. 말기 환자는 수많은 신체적 증상과 사회적, 심리적, 영적 고통과 같은 총체적 고통을 갖고 있기에 광범위하고 복잡한 요구를 한다. 이에 호스피스 · 완화의료 담당 의사는 협진의(정신건강의학과, 마취통증의학과, 방사선종양학과, 영상의학과, 외과 등)에게 의학적 자문을 구하고, 다학제 의료팀과 협력하여 환자와 가족의 변화된 요구를 반영하는 돌봄계획을 수립하고 효과적이고 통합적인 돌봄을 제공한다.

국제호스피스 · 완화의료연합(International Association for Hospice & Palliative Care, IAHPC)은 의사, 간호사, 사회복지사, 성직자, 자원봉사자, 치료사들을 완화의료팀의 핵심 전담 팀으로 정의하고 있다. 광범위한 의미의 다학제 호스피스 ·

완화의료팀은 호스피스 전문 의사는 물론이고, 협진 의사와 물리치료사, 작업치료사, 약사, 영양사도 참여할 수 있다. 우리나라는 기본 요건으로 의사와 간호사, 사회복지사를 필수 인력으로 팀을 구성하도록 제시하고 있다. 하지만 양질의 호스피스·완화의료 서비스 제공을 하려면 성직자, 자원봉사자, 요법치료사 등 다학제팀 참여가 필수이다.

2) 호스피스·완화의료의 유형

호스피스·완화의료의 유형은 ① 입원형, ② 자문형, ③ 가정형, 그리고 ④ 소아청소년3) 호스피스·완화의료로 분류된다(보건복지부, 2024).

입원형 호스피스·완화의료

「연명의료결정법」 제25조에 따라 보건복지부령으로 정하는 시설, 인력, 장비 등의 기준을 충족하며 환자와 가족들을 대상으로 호스피스·완화의료 서비스를 제공하는 전문의료기관을 말한다. 한국에서는 말기 암 환자만 유일하게 보건복지부 지정 호스피스 전문기관의 입원형 호스피스·완화의료를 이용할 수 있다. 초기에 포괄적인 평가를 통해 돌봄과 상담을

---

3) 제8장 특수대상 호스피스·완화의료 참고

제공하며 환자와 가족 교육을 진행한다. 또한 음악, 미술, 원예 요법 등의 프로그램, 환자와 가족의 심리, 사회, 영적 문제에 대한 상담, 자원봉사자들의 돌봄서비스, 지역사회 자원 연계나 환자와 가족을 위한 특별한 이벤트를 받을 수 있다.

자문형 호스피스 · 완화의료

일반병동과 외래에서 진료받는 말기 환자와 가족을 대상으로 호스피스팀이 담당 의사와 함께 전문 완화의료 및 호스피스 돌봄을 제공한다. 이는 일반병동이나 외래 및 응급실에서 담당 의료진의 변경 없이 호스피스 · 완화의료를 받고자 하는 대상자의 선택권 보장과 일반병동에서의 임종 돌봄의 질 향상을 위한 것이다.

자문형 호스피스 · 완화의료 대상은 말기 암, 후천성면역결핍증, 만성 간경화, 만성 폐쇄성 폐질환, 그리고 만성 호흡부전 환자이다. 자문형 호스피스 · 완화의료 환자는 신체 증상의 관리를 자문받고 생애 말기 돌봄 계획과 상담, 임종 준비 교육과 돌봄을 지원받을 수 있다. 또한, 환자에게 심리적, 사회적, 영적 지지와 함께 지역사회 자원 연계를 통해 경제적 지원과 재가 서비스를 연계하거나, 말기 암인 경우에는 호스피스 · 완화의료 입원을 연계한다. 또한 자원봉사자의 돌봄과 요법 치료, 환자와 가족을 위한 돌봄 행사 프로그램을 제공 받을 수 있다.

가정형 호스피스·완화의료

가정에 있기를 원하는 말기 환자 및 가족을 대상으로 전문기관의 호스피스팀이 가정 방문하여 돌봄 및 전문 완화의료 서비스를 제공한다. 호스피스·완화의료 대상자라면 누구나 서비스를 받을 수 있다. 가정형 호스피스·완화의료팀은 포괄적인 평가와 돌봄으로 심리적, 사회적, 영적 지지를 제공하고 임종 준비 교육과 임종 돌봄을 지원하며 사별 가족 돌봄서비스를 지원한다. 가정에서 필요한 장비를 대여해 주고 의료기관 연계 및 의뢰 서비스를 제공함으로써 말기 환자와 가족의 불필요한 불편과 경제적 손실을 경감시킬 수 있다. 주야간 상담 전화 운영으로 가정에서 환자에게 발생하는 다양한 상황에 대해 가족이 당황하지 않게 의료진의 조언에 따라 대처할 수 있도록 돕고 있다. 요법치료사나 자원봉사자가 의료진과 함께 가정에 방문하여 환자에게 대체요법으로 통증 완화와 정서적 지지를 한다.

소아청소년 완화의료

우리나라는 제1차(2019~2023년)에 소아청소년 호스피스·완화의료 종합계획을 수립하였다. 우리나라 의료환경과 소아청소년 환자의 주요 질환, 대상 연령의 특징 등을 고려하여 소아청소년 호스피스·완화의료 모델 적용 가능한 인프라 및 법적 근거가 생긴 것이다. 소아청소년 완화의료팀은 전문교육을 받은 의사, 전담간호사, 사회복지사를 중심으로 구성된 다학제 팀으로, 중증 소아청소년 환자에게 병실이나 중환자실, 응급실, 그리고 외래에서 완화의료를 제공한다.

[표 2] 입원형, 가정형, 자문형 호스피스 서비스 내용

입원형	가정형	자문형
1. 대상자		
① 암	① 암 ② 후천성면역결핍증 ③ 만성폐쇄성호흡기질환 ④ 만성간경화 ⑤ 만성호흡부전	
2. 등록과 입원		
① 말기환자 진단 및 말기 통보(말기환자 담당 의료인) ② 호스피스 설명 및 의뢰(말기환자 담당 의료인) ③ 연명의료계획서 확인 및 작성 ④ 호스피스 신청 및 동의서 작성		
3. 초기평가		
① 질병 상태 평가 ② 영적 평가 ③신체적 평가 ④가족 평가 ⑤ 심리적 평가 ⑥ 돌봄의 목표 평가 ⑦ 사회적 평가		
4. 돌봄 계획 및 팀회의		
① 환자 및 가족 평가에 기반한 돌봄 목표 확인 ② 돌봄 팀회의를 통해 돌봄의 목표와 계획 수립 　- 돌봄 목표(환자 및 가족이 희망하는 돌봄) 　- 돌봄 계획(증상 조절 간호중재 등) 　- 주 1회 이상 팀회의(직종별 1명 이상 참여)		

5. 주기적 재평가		
① 돌봄계획 수정 ② 제공된 돌봄의 결과 및 효과 재평가		

6. 신체적 돌봄		
·통증조절 ·호흡기계 증상 조절 ·소화기계 증상 조절 ·요구될 수 있는 의료 서비스의 방침마련	·투약관리 및 주사 ·호흡관리/영양관리 ·중심정맥관 관리 ·삽입관 세척 및 관리 ·장루/요루/누공 관리 ·상처 및 피부 관리 ·복수천자/배설관리 ·기타 증상완화를 위한 보완요법 등	·증상관리 자문 ·증상관리에 대한 환자와 보호자 교육

7. 심리적 돌봄		
·상담 및 표현장려 ·필요시 전문가 의뢰	·가족과 환자의 의사소통 및 화해 촉진 ·요법 프로그램 운영 ·돌봄 행사 지원	

8. 사회적 돌봄		
·경제적 지원, 지역사회 지원, 제도적 자원 지원 ·기타 사회 경제적 자원 연계		

9. 영적 돌봄		
① 영적(실존적, 종교적) 선호 표현 장려 ② 해당 종교 영적(실존적, 종교적) 돌봄 의뢰 ③ 종교의식 지원 ④ 삶의 의미와 가치를 찾도록 도움		

10. 환자와 가족 교육		
·약물 사용법 ·비약물요법 ·장비의 사용법 등	·응급 및 돌발상황 대처 및 연락처 ·기본 감염관리 ·개인 위생 관리 ·환자 이동 방법 ·기구, 장비 사용법 ·투약 방법 ·상처 소독법 ·체위 변경법 ·관절 운동법	·약물의 사용법 ·비약물요법 ·장비의 사용법 등

11. 퇴원 및 연계		
·퇴원 ·타 유형 연계 ·타 기관 연계		

12. 임종관리	
· 임종 준비 교육 및 상담(임종 및 장례 등) · 임종 임박 여부 사전 고지 · 임종 증상관리 및 돌봄 · 사후 처치	· 임종 준비 교육 및 상담(임종, 장례 등) · 임종 증상관리 및 돌봄 자문 · 사후처치 자문

13. 사별관리
· 사별 가족의 위험도 평가 · 사별 가족 돌봄계획 수립 · 사별 가족 돌봄 제공 · 사별 가족 전화상담 및 우편물 발송 · 사별 가족 상담 및 모임 참여 장려 · (가정형) 약품 및 장비 수거(마약성 진통제 포함)

※ 출처: 보건복지부(2024). 호스피스·완화의료 사업안내

[표 3] 호스피스 전문기관 지정 기관수 현황(2024.9.23)

연도	입원형	요양 병원1)	가정형	자문형	소아 청소년 완화의료	합계
2008	19	-	-	-	-	19
2010	42	-	-	-	-	42
2015	66	-	-	-	-	66
2016	77	12	21	-	-	110
2017	81	11	25	20	-	137
2018	84	14	33	25	2	158
2019	88	12	39	27	4	170
2020	86	11	38	33	7	175
2021	88	11	39	33	9	180
2022	89	7	38	37	10	181
2023	94	7	39	38	10	188
2024	100	6	39	42	12	199

※ 출처: 중앙호스피스센터. https://hospice.go.kr:8444/?menuno=52
1) 시범사업으로 운영 중

2. 호스피스·완화의료 서비스 이용

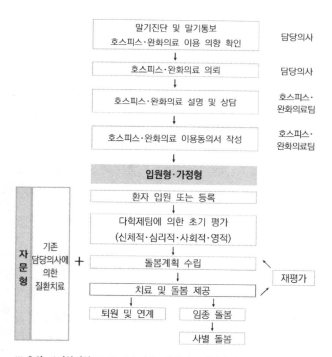

※ 출처: 보건복지부(2024), 호스피스 · 완화의료 사업안내

[그림 1] 우리나라 호스피스·완화의료 이용 절차

1) 호스피스 · 완화의료 대상자 선정

호스피스 · 완화의료 대상자는 죽음이 예견되는 여명이 6

개월 미만인 말기 질환자와 그 가족이다. 호스피스·완화의
료 대상자는 적극적인 치료에도 근원적인 회복의 가능성이
없고, 점차 증상이 악화되어 보건복지부령으로 정하는 절차
와 기준에 의해 담당 의사와 해당 분야 전문의 1명으로부터
수개월 이내에 사망할 것으로 예상되는 진단을 받은 환자를
말한다. 암은 말기로 진단받는 시점이 비교적 분명하고 말기
진단 이후 임종에 이르기까지 통증과 같은 신체적 고통이 수
반되기 때문에 호스피스·완화의료 제공이 필수적이다. 그
러나 노인 인구 증가와 만성질환자의 호스피스·완화의료 요
구도가 높아지면서 호스피스 대상자에 비암성 질환을 포함
해야 한다는 사회적 필요성이 제기되었다. '호스피스·완화
의료 및 임종 과정에 있는 환자의 연명의료결정에 관한 법률'
에 의하면 대상자에 암, 후천성면역결핍증, 만성 폐쇄성 호흡
기질환, 만성 간경화, 만성호흡부전이 포함되지만, 현재 한국
의 호스피스·완화의료 제도에서는 호스피스 병동에서 입원
치료를 받을 수 있는 질병은 말기 암에 국한되어 있다. 다른
말기 질환은 협진 형태의 자문형 호스피스나 가정형 호스피
스를 통해 호스피스·완화의료 서비스를 제공받을 수 있다.
호스피스·완화의료 대상자에는 환자와 가족까지 포함된다
는 점에서 전통적 의료서비스와 차이가 있으며, 사별 가족
돌봄 또한 호스피스 영역에 포함된다. 사별 가족은 상실에

대한 아픔으로 일상생활 복귀에 어려움을 겪고 있어 고위험 사별 가족이 상실의 고통에서 벗어나 사회로 복귀하도록 돕는 것 역시 호스피스 · 완화의료의 역할이다.

2) 호스피스 대상자의 사전 동의

의료사회에서 환자의 인격을 보장하는데 가장 기초가 될 수 있는 사전 동의(informed consent)는 특히 호스피스를 제공받는 환자에게 더욱 중요하다. 호스피스는 다른 일반병동에서 제공되는 특수치료, 검사, 투약, 심폐소생술 등 연명치료를 위한 의료행위는 하지 않는다. 즉 환자와 가족에게 삶의 질을 유지하기 위한 통증 및 증상 조절을 위한 돌봄을 제공한다는 점을 강조하고 사전동의서를 받는다.

3) 호스피스 · 완화의료 서비스 이용 절차

환자는 담당 의사에게 말기 진단을 받은 후 호스피스 · 완화의료를 이용할 의향을 결정한다. 환자가 사전연명의료의향서를 미리 작성하지 않았다면 담당 의사와 함께 연명의료계획서를 작성한다. 환자가 호스피스 · 완화의료 이용을 희망하면 담당 의사는 '환자가 말기 상태이며, 호스피스 서비스 이용을 원한다'는 소견서를 작성해준다. 환자는 소견서와 이전의 진료내역이 있는 의무기록 사본을 지참하여 호스피스

기관의 호스피스 · 완화의료 담당 의사의 진료를 통해 신청해야 한다. 호스피스 · 완화의료 서비스에 대한 설명을 듣고 호스피스 · 완화의료 이용동의서를 작성한 후 환자는 본인의 상황에 따라 적절한 형태의 호스피스 · 완화의료 서비스 유형을 선택한다.

입원형 · 가정형 · 자문형 호스피스의 주요 서비스는 의뢰, 등록, 평가, 돌봄제공, 퇴원(퇴록) 또는 임종, 사별 관리의 단계로 진행한다. 중증 소아청소년 완화의료 서비스는 의뢰, 필요판단, 초기상담, 평가 및 돌봄계획 수립, 지속적 관리(재평가 후 퇴록처리나 등록기간 연장) 단계로 진행한다.

참고문헌

가톨릭대학교 간호대학 호스피스 연구소. 2022. *호스피스 완화돌봄*. 현문사.
노유자 외. 1994. *호스피스와 죽음*. 현문사.
노유자 외. 2018. *호스피스 · 완화의료*. 현문사.
보건복지부. 2023. 소아청소년 완화의료 사업안내.
보건복지부. 2024. 호스피스 · 완화의료 사업안내.
한국호스피스 · 완화의료학회. 2018. *호스피스 · 완화의료*, 군자출판사.
한국호스피스완화간호사회. 2021. *호스피스완화간호*. 현문사.

Alderfer MA, Long KA, Lown EA, Marsland AL, Ostrowski NL, Hock JM, Ewing LJ. 2010. Psychosocial adjustment of siblings of children with cancer: a systematic review. *Psycho-Oncology*. 19(8): 789-805.

제4장
호스피스 · 완화의료 생명윤리

말기환자의 치료 중단 및 보류 문제, 심폐소생술 금지(Do Not Resuscitate, DNR), 안락사, 진통제/진정제 사용, 진실을 알 권리, 자살 등 다양한 생명 윤리적 쟁점에 직면하게 되며, 올바른 의사결정을 해야 하는 딜레마 상황에 놓이게 된다.

1. 생명윤리의 원칙과 규칙

생명윤리학(Bioethics)은 생명과학의 발전과 인문학적 지식을 바탕으로 생명과 관련된 윤리적 문제에 대해 가치판단을 내리는 복합적인 학문이다. 오늘날 생명과학과 의료기술의 발전으로 인간 생명의 인위적 연장이 가능해짐에 따라 생명과 죽음의 문제에 더욱 관심이 높아졌다. 의학연구의 놀라운 성과는 기존의 도덕적 관념과 배치될 수 있는 생명의료윤리 문제를 야기시킬 뿐 아니라 기존의 윤리 문제에도 새로운 차원의 논쟁을 불러일으켰다. 임종 직전의 환자를 돌보는 호스피스 · 완화의료 현장도 그렇다. 말기환자의 치료 중단 및 보류 문제, 심폐소생술 금지(Do Not Resuscitate, DNR), 안락사, 진통제/진정제 사용, 진실을 알 권리, 자살 등 다양한 생명 윤리적 쟁점에 직면하게 되며, 올바른 의사결정을 해야하는 딜레마 상황에 놓이게 된다.

이럴 때, 미국의 생명의료 윤리학자 톰 비첨과 제임스 칠드레드(Beaushamp & Childress, 2001)가 제시한 윤리 원칙과 규칙에 비추어 환자의 '최선의 이익'에 부합되는지 평가해 보아야 한다.

1) 생명윤리 원칙

자율성 존중의 원칙

자율성(autonomy)은 환자가 자신의 치료법을 결정할 수 있는 권리다. 자신이 원하는 행동이 무엇이든 자율적으로 결정하고, 선택하는 행동은 방해받거나 장애 없이 독자적이어야 하며, 또한 자신이 선택하여 행한 행동은 존중받아야 한다는 원칙이다. 그러려면 의사는 환자에게 치료와 관련된 충분한 정보를 제공하고 이러한 정보에 근거한 사전동의 (informed consent)를 얻어야 한다.

악행 금지의 원칙

의사가 환자에게 해를 입히거나 환자의 상태를 악화시키는데 의술을 사용하지 말아야 한다는 원칙이다. 악행금지의 원칙에는 이중효과(double effects)가 포함되며 윤리적으로 유익하나 신체적 손상 효과가 동시에 예측될 때 적용된다. 다음 네 가지 조건과 관련이 있다. 첫째, 행위 그 자체가 선해야 하며, 최소한 나쁘면 안 된다. 둘째, 목적이 수단을 정당화해서는 안 된다. 셋째, 의료행위의 의도가 악해서는 안 된다. 넷째, 의료행위에 따른 나쁜 영향이 좋은 효과보다 크면 안 된다.

선행의 원칙

의료진은 환자에게 최선의 이익이 무엇인지를 판단하는 선행(Beneficence)의 원칙을 적용해야 한다. 만약 임종에 가까운 환자가 계속 치료를 받기를 보류할 때 그 요구를 들어주는 것이 선행인지 환자의 자율성을 존중하는 것인지, 악행금지의 의무에 반하는 것인지 고려해 볼 필요가 있다. 선행의 원칙은 간혹 자율성의 원칙과 상충이 될 수 있다. 또한 온정적 간섭주의도 주의해야 한다. 당사자의 의사와 무관하게 그에게 가장 좋다고 여기게 하는 것으로 이를 '온정적 간섭주의'라 한다. 호스피스·완화의료는 환자의 고통경감과 안위를 도모하여 삶의 질을 높이고 존엄한 죽음을 맞이하도록 총체적 돌봄을 제공하는 선행의 의료 정신 안에 있다고 볼 수 있다.

정의의 원칙

모든 의료자원의 분배는 정의롭게 이루어져야 한다는 원칙이다. 의료자원은 한정되어 있기에 이 한정된 자원을 어디에도 쏠림없이 공평하게 분배하기 위해 정의가 필요하다.

2) 윤리 규칙
정직의 규칙

정직(Truth telling)은 진실을 말해야 하는 의무로, 타인을 존중하고 선을 위해 진실을 말하는 것이다. 호스피스 · 완화 의료 대상자에게 임종이 가까이 왔음을 언제, 누가, 어느 때 알려줘야 하는지, 이러한 진실 통고의 문제가 정직의 규칙에 해당이 된다.

신의

신의(Confidentiality)는 비밀보장의 용어로 많이 사용된다. 환자의 비밀을 지킬 의무는 오랫동안 간호윤리와 의학윤리 의 한 부분으로 호스피스 · 완화의료에서 환자의 비밀보장 문 제는 특히 강조되는 사항이다. 하지만 의료인들이 환자와 가 족에게 반드시 밝히지 않아도 되는 정보를 알려주는 이유는 환자의 돌봄에 도움이 될 수 있기 때문이다.

성실

비첨과 칠드레스(2001)는 성실(Fidelity)이 자율성의 원리 와 독자성으로부터 기인 되는 도덕적 법이라고 하였다. 성실 은 규율보다 강하다고 규정하면서, 성실이 기본적인 윤리 원 칙보다 더 중요하다고 하였다. 또한 성실을 자율성과 진실 말하기와 같은 윤리적 행위의 특성을 올바르게 만드는 것으 로 여겼다. 특히 계약적 관계에서는 더욱 기본적인 윤리 원칙 이며 약속이행과 동일하게 사용한다.

2. 호스피스·완화의료와 관련된 윤리 문제

의료현장에서 임종에 가까운 말기환자의 대부분은 사고나 만성질환에 의한 경우이다. 사고의 대부분은 교통사고나 산업재해이며, 뇌사상태의 경우 장기이식 문제나 인공호흡기 적용 여부의 문제와 부딪치는 경우가 흔하다. 만성질환은 갑작스러운 신체적 변화는 보이지 않지만, 환자의 신체적 능력이나 지적 능력이 서서히 저하되므로 타인 의존성이 늘어난다. 이런 환경에서 대두되는 윤리적인 문제를 살펴보자.

1) 치료의 보류 및 중단

치료가 환자의 회복에 도움이 되지 않아 환자에게는 고통의 시간이 연장되고, 가족에게는 심리적, 경제적 부담을 주는 경우가 있다. 의학적으로 치료가 불가능할 때 의료진이 치료를 중단하거나 환자나 가족이 치료를 거부하게 될 수 있다. 그럼, 어떤 때 치료의 보류 및 중단이 발생할 수 있는지 살펴보자.

첫째, 비통상적 치료가 원인이 될 수 있다. 비통상적이란 비용이 많이 들거나 통증이나 불편함이 있거나, 환자나 가족에게 부담이 크지만 치료가 성공할 것이라는 희망이 없는 경우를 말한다. 그러나 현실적으로 통상적과 비통상적인 치료

수단 간의 구분이 그리 명확하지는 않다. 둘째, 완화적 치료 또는 적극적 치료 결정 시 발생할 수 있다. 완화적 치료는 완치가 목적이 아닌 현재 환자에게 나타나고 있는 통증이나 증상들을 완화하려는 목적으로 시행하는 치료이다. 적극적 치료는 치유를 목적으로 하며, 환자가 상당한 고통과 경제적인 부담을 갖게 된다. 이는 환자 자신이 바람을 표현할 수 없는 상태, 통증이나 고통을 느끼지 못하는 식물인간 상태나 혼수상태에 있는 경우 돌봄 문제가 발생할 수 있다. 즉 환자가 어떤 불편이나 증상을 느끼지 못하므로 '무엇을 완화'해야 할지를 알 수 없기에 치료보다는 돌봄 제공의 적용에 한계가 있다. 마지막으로 회생 가능성이 없는 말기환자에 대한 연명의료 중단 및 보류가 발생할 수 있다. 연명의료의 중단과 보류가 기본적으로 같다는 입장과 이 둘을 작위와 부작위 행위로 구분하는 입장이 있다. 분류체계상 존엄사를 목적으로 하는 연명의료 중단은 소극적 안락사의 범주에 포함되지만, 의료계에서는 안락사 논쟁에서 불필요한 혼란을 방지하기 위해 상황과 범위를 명확하게 제시한 연명의료 중단이라는 용어를 선호한다. 단지 연명의료 범위, 통상적 의료행위와 비통상적 의료행위를 어떻게 정의하는가에는 논란의 여지가 있다.

2) 사전의사결정과 연명의료 유보·중단

사전연명의료의향서(advanced directives, AD)는 의사결정을 할 수 없는 상황을 대비하여 의학적 돌봄에 대한 선호 혹은 거부를 법적 효력이 있는 문서로 작성하는 것이다. 일반적으로 본인의 치료에 관한 결정을 문서로 기록해서 알리는 사전유언(living will) 형태와 의사결정을 할 수 없는 경우에 치료 및 돌봄을 위임(대리인 지정)하는 형태가 있다. 사전유언은 일반적으로 의식이 또렷할 때 자신의 생명에 관한 조항을 유언에 포함하여 입장을 표현하는 것이다. 법적 자격이 있을 때 자신의 생명에 대한 유언을 남김으로 불치병이나 사고로 의식이 없거나 선택할 수 없는 경우에 자신의 의사를 표명하는 것을 의미한다. 사전연명의료의향서를 통한 환자의 자유로운 결정은 오직 현재의 구체적인 상황에서만 유용하며, 가정된 상황에서는 의미가 없다. 그러므로 정말 문제가 생겼을 때 오히려 환자의 자유로운 결정을 침해할 수도 있다. 또한 잘못된 정보에 의해 자의적으로 작성한 사전연명의료의향서를 의사가 무조건 따라야 하는 경우도 생길 수 있다. 이에 의사와 충분한 의학적 정보 교환이 없는 사전연명의료의향서의 내용은 참고사항이므로 작성된 그대로 시행할 것을 강요하지 말아야 한다. 이에 갈등이 유발되는 생명연장치료(연명의료 결정)의 유형과 결정은 누가, 어떻게 하는지 알아보고자 한다.

첫째, 결정의 주체는 일반적으로 생명윤리 분야에서는 의사결정 능력이 있는 성인의 자율적인 의사결정을 존중해야 한다는 주장이 인정되었다. 인공호흡기, 음식물 거부에 대해서도 서양에서는 환자의 자율성 존중을 우선시하여 정보제공 등의 검토에 집중하고 있다. 둘째, 연명의료 중단 결정을 이행하기 위해서는 임종과정에 있는 환자의 담당의사가 연명의료계획서, 사전연명의료의향서, 또는 환자 가족의 진술을 통해 담당의사와 전문의 1명에 의해 회생 가능성이 없고, 치료에도 불구하고 급속하게 증상의 악화로 사망이 임박한 상태에 있는 환자라는 판단을 받고, 환자 또는 환자의 가족이 연명의료를 원치 않는다는 결정이 이루어지면 연명의료를 유보 또는 중단할 수 있다. 이때 연명의료계획서는 생명윤리위원회가 설치된 의료기관에서만 가능하다. 셋째, 생명 유지 치료의 중단이나 보류의 근거는 환자의 바람, 치료의 기대효과, 부담 등으로 다양하다. 그러나 환자의 바람과 가족의 의사 파악과 더불어 치료로 얻게 될 이익이 무엇이며, 환자와 가족 혹은 관련된 모든 사람이 지게 될 부담이 무엇인가에 대한 판단이다. 넷째, 내용은 주로 기계적인 인공호흡, 심폐소생술, 위관영양법, 신장투석, 항생제 치료의 적극적인 제공 여부 등이다.

3) 심폐소생술 금지

우리나라의 경우 심폐소생술 금지(Do Not Resuscitation, DNR)는 급성 심정지 또는 호흡정지 시 심폐소생술(Cardio-Pulmonary Resuscitation, CPR)을 시행하지 않는 것을 말한다. 심폐소생술의 필수 요소인 흉부 압박, 인공호흡, 기관삽관, 외부 심장박동기, 응급 약물, 빠른 수액공급 등을 금지하는 것으로 사전연명의료의향서 내용에 포함되는 중요한 결정 사항이다. 즉 심폐소생술 금지의 본질은 심폐소생술을 제외한 모든 치료는 제공해야 하고, 심폐소생술 금지를 결정한 후에도 치료를 중단하거나 유보해서는 안된다. 말기환자와 같이 회복이 불가능하다고 판단되는 환자가 심장 기능이 멈추었을 경우 의사가 환자에 대해 심폐소생술의 시행 여부, 특히 심폐소생술을 중지하여 환자가 사망하더라도 정당화되기 위한 요건에 부합되어야 한다. 첫째, 환자가 자기결정권에 의한 진정한 심폐소생술 중단을 요구, 둘째, 환자의 회복 가능성이 없음이 요구된다.

미국의학협회(1974)는 'CPR의 목적은 예기치 못한 갑작스러운 사망의 방지로서 사망이 예기되는, 회복이 불가능한 말기환자나 소생술이 효과가 없는 장시간 심폐정지 상태인 환자의 경우는 CPR이 오히려 존엄하게 죽을 수 있는 환자의 권리를 빼앗을 수 있기에 해당이 되지 않는다고 하였다. CPR

의 시행 여부는 의학적 이익, CPR 전과 후의 삶의 질에 의해 결정되며, 삶의 질을 결정하는 요인보다 환자의 가치가 커야 한다. 이처럼 CPR의 시행 여부에 관한 결정은 윤리적 의미가 크다. 생의 윤리적 관점에서 볼 때 말기환자의 돌봄에 관한 결정에는 환자가 처음부터 참여하도록 해야 한다. 이때 합리 적인 선택이 무엇인지 환자에게 알리고 그들이 적합한 선택 을 하도록 돕는 것이 매우 중요하다.

3. 안락사 논쟁

1) 정의

안락사(euthanasia)는 그리스어 eu(좋은)와 thanatos(죽음) 의 합성어로 좋은 죽음, 안락한 죽음, 고통이 없는 편안한 죽 음을 의미하지만 인위적인 행위를 포함한다. 대한의사협회 의사윤리지침 제5장36조(안락사 등 금지)에서는 '감내할 수 없고 치료와 조절이 불가능한 고통을 겪는 환자에게 사망을 목적으로 물질을 투여하는 등 인위적, 적극적인 방법으로 자 연적인 경과보다 앞서 환자가 사망에 이르게 하는 행위' 또는 '환자가 자신의 생명을 끊는데 필요한 수단을 제공함으로써 환자의 자살을 도와주는 행위'로 정의하고 있다. 따라서 안락사라는 행위의 조건은 첫째, 그 행위가 반드시 죽임을 당하는 사람의 이익을 위한 것이어야 하고, 둘째, 당사자가 아닌 타인이 죽음을 야기해야 한다는 것을 포함한다(한국호스피스·완화의료학회, 2023).

과거에는 목숨을 연명하며 얼마나 삶을 지속시킬 것인가를 고민했다면 현대에는 어떻게 살아야 하는가에 초점이 맞추어져 있다. 의학 발전으로 말기환자의 연명치료는 환자와 가족에게 고통의 부가와 경제적 손실, 무의미한 삶의 질에 대한 고민을 가중시켰다. 이에 생명과 직접적인 연관이 있는 치료를 거부할 수 있는 환자의 권리가 강조되기 시작하였다. 즉, 전 세계적으로 편안히 죽을 권리에 대한 논쟁이 시작되면서, 생명을 유지하기 위한 거부와 소생 불가능한 환자의 죽을 권리에 대한 개념이 안락사로 대두되었다(Cawley, 1977). 안락사는 환자의 고통을 줄이고 편안하게 죽음을 맞이하도록 의료인뿐만 아니라 가족을 포함한 주변 사람의 도움을 청하는 행위를 의미하기도 한다. 이런 시각에서 안락사는 매우 인도주의적 행위로 보이지만 실제로 안락사는 누군가의 작위적, 비작위적 또는 간접적 행위로 생명이 단축되는 것이다. 즉, 안락사(mercy killing)는 타살의 범주에 속한다.

2) 안락사의 유형

안락사는 관점에 따라 적극적, 소극적, 자발적, 비자발적, 간접적, 직접적인 안락사로 분류된다.

[표 4] 안락사의 분류

생명주체의 의사표시 여부	시행자의 방법과 행위
자발적	소극적
비자발적	적극적
타의적	간접적 또는 직접적

적극적 안락사와 소극적 안락사

적극적 안락사는 환자를 직접적으로 죽게 만드는 적극적인 행위로, 예를 들면 독극물을 투여하는 것이다. 소극적 안락사는 환자의 생명을 유지하는 수단의 중단으로 죽음을 유발하는 것이다. 예를 들면 수분영양 공급, 인공호흡기 중단 등이 해당된다.

자발적 안락사와 비자발적 안락사

자발적 안락사(voluntary euthanasia)는 환자 본인이 안락사를 선택한 경우이며, 그렇지 않은 경우를 비자발적 안락사(non-voluntary euthanasia)라고 한다. 하지만 환자 본인이 죽겠다는 의향을 표명하여 타인(의료인)이 도와주는 경우는 조력자살이

되며, 비자발적 안락사는 환자의 직접적인 동의가 없음에도 불구하고 가족의 요구로 대상자를 죽음에 이르게 하는 행위이다. 의식이 없는 식물인간 상태의 대상자에게 가족의 동의만으로 생명 연장 장치를 제거하는 것은 비자발적 소극적 안락사에 해당이 된다. 이외에도 대상자가 원치 않음에도 불구하고 대상자의 의사에 반하여 안락사가 시행되는 경우를 반자발적 안락사(involuntary euthanasia)라고 한다. 살인이 여기에 해당된다.

의사조력자살

자발적 안락사는 자살과 의사의 조력자살로 구분된다. 자살은 개인이 자발적 의사에 따라 독극물 복용이나 투신 등을 통해 스스로 죽음을 유도하는 행위이다. 의사조력자살은 대상자의 요청에 의사가 자살하는데 필요한 수단이나 정보를 제공하여 대상자 스스로 죽음에 이르게 돕는 행위를 의미한다. 즉 의사조력자살은 환자의 생명을 인위적으로 단축하는 결과를 적극적으로 초래하므로 적극적 안락사에 해당이 되며, 현재 윤리적 논란의 중심에 있다.

3) 안락사가 아닌 것
불균형적 의료행위의 유보나 중단
환자에게 도움이 되지 않는 과도하거나 부적절한 의료행

위를 고집하는 경우를 '치료집착'이라고 한다. 말기환자에게 도움이 되는 치료나 처치를 위해 이런 부적절한 행위를 단념하는 것은 안락사가 아니다. 이는 환자의 죽음을 의도하는 것이 아닌 환자를 적절히 돌보기 위한 것이다. 윤리논쟁에서 이러한 경우를 소극적 안락사라고 부르는 경우가 있으나 환자의 죽음을 의도한 작위 혹은 부작위와 환자에게 부적절한 의료행위의 중단은 윤리적으로 의미가 다르다.

호스피스 · 완화의료

호스피스 · 완화의료는 생애말기 환자에게 적절한 전인적인 돌봄을 제공하는 것으로 환자의 죽음을 의도하는 안락사와는 다르다. 생애 말기를 지내는 환자에 대해 호스피스 · 완화의료와 안락사는 다음과 같은 상반된 태도를 보인다.

첫째, 호스피스 · 완화의료는 생의 마지막까지 말기환자를 돌보는데 반해 안락사는 말기환자를 죽게 한다. 둘째, 호스피스 · 완화의료는 말기환자의 삶이 마지막까지 의미가 있다고 보지만, 안락사는 말기환자의 남은 삶이 무의미하다고 본다.

4) 안락사 찬반양론
찬성의견

첫째, 개인의 자유라는 입장에서 볼 때, 죽을 권리에 대한 자기결정권이 존중되어야 한다. 둘째, 품위손상의 관점에서 볼 때, 무의미한 생명연장으로 인격이 황폐화되고 타인에게 감당하기 어려운 부담을 준다면 안락사는 정당하다. 셋째, 견딜 수 없는 고통을 겪는 자가 안락사를 요청한다면, 의사는 선행의 원칙에 의거 환자를 도와야 할 의무가 있다. 오히려 죽음의 자발적 행위를 막는 것이 비윤리적이다(한국호스피스·완화의료학회, 2023).

반대의견

인간의 생명은 그 자체로 가치가 있는데 안락사 허용시 사회적, 경제적 약자에게는 죽을 수 있는 권리보다 죽어야만 하는 의무 또는 죽일 권리로 전락할 수 있다. 즉, 생명 경시 풍조가 우려된다. 또한 자기 스스로 목숨을 끊게 하는 것도 자기 살인이므로 안락사는 인간 생명의 존엄성 훼손을 기인한다.

한국호스피스·완화의료학회는 안락사에 반대하고 있다. 반대 근거는 WHO의 권고사항으로, 현재 운영 중인 연명의료법의 효과적 운영 또는 호스피스·완화의료의 확대를 통해 고통받는 환자의 지원을 강화해야 한다고 주장한다. 또한 일부 환자의 바람을 일반화시키는 것은 문제가 있으며, 의학윤리에서 정당성을 판단하는 이중효과의 원리(목적이 수단이 될 수 없다)에 위배되기 때문이다. 마지막으로 안락사는 아직 사회적 합의가 이루어지지 않았기에 사회분열을 초래할 수 있고, 의사의 오진 또는 법의 악용이나 적용의 문제 발생 시 불가역적인 치명적 결과를 초래할 수 있기 때문이다(한국 호스피스·완화의료학회, 2023).

5) 행위의 의미에 따른 안락사 정의

안락사에서 풍기는 인위적 사망의 어감으로 인해 새로 등장한 용어가 존엄사(尊嚴死)이다. 일본에서 처음 사용한 존엄사는 영어권에서는 'death with dignity'을 의미한다. 동양권에서는 존엄사란 언어가 간접적 안락사란 용어보다 훨씬 부드럽고 인간의 존엄성을 강조한 것 같으나 실제적 의료행위는 대동소이하다. 이에 일부에서는 존엄사도 생명을 인위적으로 단축하게 하는 행위이므로 받아들일 수 없다는 의견이 있다. 즉 안락사라는 말은 '특수한 행위로 환자의 생명을 끝나게 하는 것'이라는 뜻으로 결코 용인될 수 없으며 다음과 같은 원칙에 기초를 둔다. 어떠한 윤리적 가치나 개인 고유의 가치도 침해하지 말 것이며, 어떤 방법을 실시, 지속, 중단, 시도해야 하느냐, 해서는 안 되느냐 대한 최선의 판단은 각각의 경우에 의거 이들의 기초에 두어야 하며, 결코 독단적으로 판단하지 말아야 한다.

참고문헌

가톨릭대학교 간호대학 호스피스 연구소. 2022. *호스피스 완화돌봄*. 현문사.

국립연명의료관리기관. 2021. *연명의료 결정제도*.

김중호. 2014. *의학윤리란 무엇인가?* 바오로딸.

노유자 외. 2018. *호스피스 · 완화의료*. 현문사.

니키 테이트. 2020. *삶을 선택할 것인가, 죽음을 선택할 것인가―조력죽음의 복잡한 면들―*. 유은실 옮김, 허원북스.

박선숙, 한승협, 이영조, 장영화. 2023. *웰다잉을 위한 호스피스 실천론*. 학지사.

박영선. 2009. 호스피스 자원봉사자의 안락사에 대한 태도. 부산가톨릭대학교 간호대학원. 석사학위 논문.

보건복지부. 2023. 호스피스 · 완화의료 사업안내.

엘리오 스그레챠. 2016. *생명윤리의 이해 1, 2*. 정재우 옮김, 가톨릭출판사.

한국호스피스완화간호사회. 2021. *호스피스완화간호*. 현문사.

한국호스피스 · 완화의료학회. 2023. *호스피스 · 완화의료*(개정보완판). 군자출판사.

Beauchamp, T. l., Childress, J. F. 2001. *Princilpes of biomedical ethiics*(5th ed.). NewYork, NY: Oxford University Press, Inc.

Cawley,M.A. 1977. Euthanasia: Should it be a Choice?. *American Journal of Nursing*, 77(5): 859-862.

제5장
전인적 호스피스 · 완화 돌봄

호스피스 · 완화의료는 입원부터 임종 후 사별의 돌봄까지 연속적으로 이어지므로 초기부터 말기 환자의 총체적 통증(total pain)과 고통에 대한 이해와 접근을 원칙으로 전인적 돌봄을 제공해야 한다.

전인적 돌봄을 위한 모든 요소는 상호작용하고 영향을 다양하게 미치기에 어느 것도 소홀하게 다룰 수가 없다. 대상자가 경험하는 신체적 증상과 통증은 대부분 중등도 이상이며, 정서적 문제, 사회적 관계의 변화, 삶과 죽음의 의미에 대한 영적 고뇌 등 총체적 고통도 있다.

호스피스·완화의료는 입원부터 임종 후 사별의 돌봄까지 연속적으로 이어지므로 초기부터 말기 환자의 총체적 통증(total pain)과 고통에 대한 이해와 접근을 원칙으로 전인적 돌봄을 제공해야 한다.

1. 말기 대상자 돌봄

호스피스 대상자가 가장 힘들어하는 것은 질병으로 인한 통증으로 말기 환자의 다양한 증상은 수많은 요소와 개인차가 존재한다. 이러한 문제를 최소화하기 위해 통증, 피로, 오심 등 외부로 드러나는 증상의 강도 측정도 중요하지만, 다면적으로 평가하는 것이 더 중요하다. 다면적 평가는 환자의 표현된 증상 외 다른 면들의 기여를 인식하게 하여 환자를 전인적으로 파악하는 데 도움을 준다.

1) 통증 완화 돌봄

환자가 의료인을 찾는 가장 흔한 증상은 통증(pain)이다. 통증의 정의는 실질적 혹은 잠재적 조직의 손상과 연관된 불유쾌한 감각적, 정서적 경험이다(국제통증협회). 통증은 대부분 질병의 신호로 나타나며, 통증은 주관적 개인의 경험으로 신체 증상 및 사회심리적, 정서적 요인 등이 영향을 미쳐 같은 통증의 자극이더라도 개인에 따라 반응과 태도가 다양하다. 말기 환자의 통증은 단순히 조직손상에 의한 반응이라 할 수 없고, 정신적, 사회적, 영적, 문화적 요인에 영향을 받기에 시슬리 손더슨은 이러한 통증의 속성을 '총체적 통증(total pain)'이라 하였다. 효과적인 통증관리를 위한 약물적, 비약물적 관리 방법을 시도하며, 모든 단계의 통증에서 심라사회적 지지와 환자 및 가족의 교육이 필요하다. 통증관리에 대한 몇 가지 오해는 다음과 같다.

첫째, 통증이 있다는 것은 질병이 악화 됨을 의미한다. 둘째, 진통제를 자주 사용하면 중독되기 쉽다. 셋째, 진통제를 사용해도 실제 통증은 조절할 수 없다. 넷째, 통증이 심해질 경우를 대비해 진통제를 아껴두어야 한다. 다섯째, 진통제로 인한 부작용을 참는 것보다 통증을 참는 것이 쉽다. 여섯째, 통증을 호소하면 의사의 주의를 분산시켜 치료를 효과적으로 하지 못하게 할 수 있다. 이와 같은 통증에 대한 환자와 가족의 잘못된 믿음은 환자의 통증관리와 순응도에 영향을 미치므로 초기에 적절한 교육을 제공하는 것이 중요하다.

2) 신체 증상 완화 돌봄

말기 환자는 소화기계, 정신신경계, 호흡기계 및 비뇨기계의 다양한 신체 증상을 경험하게 되며, 응급증상이 발생하기도 한다. 임종에 임박하면 장기부전 증상이 나타난다. 이에 효과적인 증상관리를 위해 환자마다 개별적, 원인에 따른 접근과 예방적 접근으로 증상관리를 해야 하며, 환자 상태에 부합하는 영양지원, 투약, 다학제적 접근 등을 제공해야 한다. 환자의 통증이나 증상이 조절되더라도 개인위생 등 기본적인 신체적 돌봄은 마지막 시간까지 지속되며, 신체적으로 쾌적함의 유지는 인간의 존엄성 유지와 삶의 질 향상에서 중요한 부분이다. 또한, 신체 돌봄은 인간의 욕구 중 가장 기본적인 욕구로 심리적, 사회적, 영적인 문제에도 영향을 미친다. 그러므로 신체 증상에 대한 적극적이고 적절한 대응과 우선순위의 합리적 선택은 돌봄에서 삶의 질을 높이는 데 중요하다.

3) 심리적 돌봄

말기진단을 받으면 환자는 충격으로 멍해지거나, 상실감,

두려움, 슬픔, 절망감, 무력감, 외로움, 불안 등의 다양한 정서를 경험하게 된다. 다양한 상실감은 두려움과 위기의식을 초래하고 심리사회적, 영적 안녕을 위협한다. 또한, 죽음에 직면한 사람은 상실 이전에 이미 슬픔이 시작된다.

말기 환자의 삶은 크게 말기단계와 임종단계로 나뉘며, 이 과정 동안 환자는 심리적으로 여러 가지 변화를 겪게 된다. 임종과정은 대개 2~3일 소요되며, 길면 5~7일 정도 소요된다. 환자는 이 과정에서 신체적 기능이 소실되면서, 심리적 위축, 환상과 같은 경험, 안절부절못함, 대인관계 감소, 파노라마 같은 과거 회상과 점검 등의 심리적 변화가 생기고 환자와 가족이 점차 죽음을 수용하게 된다.

엘리자베스 퀴블러 로스(Elizabeth Kubler Ross)는 인간이 죽음을 받아들이는 5단계(부정, 분노, 타협, 우울, 수용) 모델을 제시하였으나, 순서대로 진행되는 것은 아니라고 하였다. 반면, 패티슨과 슐츠(Pattison & Schultz)는 이런 단계에 대한 개념화는 의료진과 환자를 돌보는 사람들에게 편견을 갖게 한다고 하였다. 칼라쉬(Kalish)는 말기환자가 죽음을 수용한다고 해서 반드시 죽기를 원하는 것이 아니라고 하였다. 그리고, 알폰스 데켄(Alfons Deeken, 1999)은 임종 환자를 돌보는 방법을 다음과 같이 제시하였다. ① 환자와 같이 있어 주기, ② 환자의 자율성 존중하기, ③ 환자가 적극적으로 살며 스스로 성장할 수 있도록 격려하기, ④ 환자가 죽음이라는 드라마에서 주인공으로서 적극적 역할을 하도록 돕기, ⑤ 환자는 진실을 알 권리가 있으므로 진실 알려주기, ⑥ 환자가 존엄하게 죽을 수 있도록 돕기, ⑦ 환자가 자신의 삶을 검토하고 갈등을 해결하도록 돕기, ⑧ 환자의 통증이 조절되도록 도와주기, ⑨ 환자의 유머 감각을 키우고 웃을 수 있도록 돕기, ⑩ 사후세계의 가능성에 대해 생각할 수 있도록 도와주기 등이다.

죽음이 임박한 순간 우리는 인생을 새로운 관점으로 바라보고, 의미를 찾고자 갈망하게 된다. 과거, 현재, 미래가 모두 이전과 다르게 보이며, 현재는 새로운 신체적 증상의 변화로 소모된다. 이처럼 말기 환자의 삶은 예측하지 못하고, 원치 않았던 변화로 인하여 도전받고, 질병은 생명을 위협하여 삶의 가치와 의미에 대한 근원적인 질문을 하게 한다. 죽음은 그가 살아온 삶의 종말을 의미한다. 그러므로 대상자의 침상 옆에 앉아서 그의 감정을 중요하게 여기고, 환자가 지금의 감정을 표현하도록 기다려 주고 지지하며, 대상자의 언행에 주의를 기울여야 한다. 아울러 환자가 남은 시간을 잘 계획하여 사용하도록 돕는다. 환자와 가족이 충분히 대화할 수 있도록 배려하며, 면회 시간을 제한하지 않고 예외적으로 면회자의 연령제한도 하지 않는다. 이때 사려 깊은 돌봄은 자신이 사랑받고 있고 소중한 존재임을 느끼게 된다.

4) 사회적 돌봄

죽음에 직면한 말기 환자와 가족의 사회적 욕구 역시 제대로 충족이 되지 않으면 환자의 삶의 질에 부정적 영향을 미칠 수 있다. 말기 진단을 받은 환자들은 혼자 맞이해야 하는 죽음으로 인해 극도의 외로움을 느낄 수 있다. 그러므로 말기 환자와 가족이 정서적 안정을 유지하도록 지지적인 상담을 제공해야 한다. 이광재(2003b)는 사회 돌봄의 방법은 환자와 가족에게 도움을 줄 수 있는 상담 치료, 환경의 조정, 자원체계의 조직 및 동원, 사별 가족 관리 등이 있다고 하였다. 상담은 말기 환자와 가족이 느끼는 불안, 두려움, 분노 등의 감정 경감을 위한 안심시킴, 환기, 정화, 지지, 설득, 암시 등의 지지적인 기능을 한다. 그러려면 말기 환자와 가족의 방어기제에 대한 이해와 접근이 필요하다.

말기 환자와 가족의 사회적 욕구에는 사회적 관계망, 지지체계, 대인관계, 직장생활, 경제적 안정, 의사소통, 가족관계, 퇴원 후 돌봄 상태, 주 돌봄자 등의 환경 문제, 취미, 성, 이동 수단 등이 포함된다.

[표 5] 환자의 문제 대처를 위한 자원 검토

구분	검토 내용
경제적 자원	진료비의 출처, 지원하는 출처
환경적 자원	지역사회의 주택환경, 신체적-정서적 안정도
제도적 자원	직업, 교육정도, 종교, 사회단체
인적 자원	가족, 친구, 친지의 친밀도(행동 또는 경험에 영향을 주는 대처 능력)

사회적 돌봄은 질병에 대한 생리적 · 심리적 · 사회적 모델을 기반으로, 임종 후 사별 가족의 건강을 위해 환자와 가족의 사회적 스트레스 감소와 사회적 기능을 향상시키는 예방의학적 의미가 있다(이광재, 2003b). 따라서 죽음을 앞둔 말기 환자가 여생을 충만하게 영위할 수 있도록, 환자와 가족들에게 사회적 돌봄을 제공하는 것이 필요하다.

5) 영적 돌봄

인간은 전인적인 존재로 신체적, 정신적, 사회적 안녕은 물론 영적인 안녕을 추구한다. WHO는 인간을 신체적, 심리적, 사회문화적, 영적 존재로 보았다. 즉 인간은 신체, 마음(정신), 영으로 구성되어 있으며 다면적이고 관계적인 존재이다. 이에 영적 존재로서의 안녕을 위해서는 영적 돌봄 제공이 필수적이다.

영(spirit)의 어원은 히브리어 '루아흐(ruah)', 라틴어의 '스피리투스(spiritus)'로 바람, 숨결, 호흡, 생명의 본질, 에너지라는 의미가 있다. 또한, 영은 생명의 본질, 생명을 주는 원리나 활력으로 사람의 모든 정신적 활동의 근원이며, 세포의 핵에 비유할 수 있다. 즉, 영성이란 초월적 가치를 추구하고, 삶의 의미와 목적을 찾고, 자연과 조화된 관계 속에서 궁극적이고 영원한 것을 추구하고, 용서와 사랑, 평화와 희망이 충만한 삶을 이루고자 하는 인간 본질의 한 부분이다. 영성의 특징은 개인의 배경, 문화, 신앙에 따라 다양하고 영적 요구의 표현도 각 개인에 따라 다르다. 영성은 의미와 목적을 제공해 주며, 초월을 가능하게 하고 개인들이 온전해질 수 있도록 하며, 충만한 삶을 살 수 있도록 한다.

미국의 the National Consensus Project for Quality Palliative Care (NCP, 2009)에서 제시한 완화돌봄을 위한 영성의 정의에서 영성은 인간 됨의 본질로, 개인이 의미와 목적을 추구하고 표현하는 방법이며, 개인이 순간, 자신, 타인, 자연 또는 신성한 존재와의 연결성을 경험하는 방식이라고 하였다. 특히 생애 말기의 호스피스·완화의료 대상자들은 가족들과 함께 죽음을 직면한 위기 상황에 있기에 영적 고통이 가중된다. 이에 말기 환자와 가족들이 직면한 영적 요구는 현재의 삶의 질은 물론이고 내세의 삶의 질까지 연관되기에 우선순위에 두고 돌봄이 이루어져야 한다. 말기 환자들이 흔히 경험하는 영적 고통은 다음과 같다. ① 삶과 죽음의 의미(상실), ② 믿음에 대한 관심과 갈등의 표현, ③ 절대자에 대한 분노나 관심의 표현, ④ 고통의 의미에 대한 질문, ⑤ 자신의 존재 의미에 대한 의문, ⑥ 치료와 관련된 도덕적, 윤리적 의미에 대한 질문, ⑦ 행동과 기분의 변화, ⑧ 자기 수용의 거부와 관련된 자기비난, ⑨ 자기 문제에 대한 책임 회피, ⑩ 죽음과 관련된 불안과 두려움, ⑪ 사랑과 관심에 대한 두려움 등이다. 이에 영적 고통을 경험하는 대상자의 돌봄은 경청 그 자체로 치유의 효과가 있으므로 자신의 고통을 이야기할 수 있도록 하고 잘 들어주어야 한다.

2. 말기 환자 가족 돌봄

가족은 체계적 관점에서 두 가지 특성이 있다(Carrie & David, 2015). 첫째, 가족은 서로 고통을 나누며, 교환하는 특성으로 인해 환자의 고통이 가족에게 커다란 스트레스가 된다. 이에 환자와 가족의 정신건강은 환자와 가족의 절망, 낙관 수준에 영향을 받는다. 둘째, 가족은 가족의 안정성을 유지하려는 경향이 있다. 가족은 심각한 질병으로 인한 변화

속에서도 정상적이었던 가족의 기능을 지속하려고 노력한다.

호스피스·완화의료에서는 환자와 가족이 한 단위이므로 환자뿐만 아니라 가족의 삶의 질을 고려한 돌봄의 접근이 함께 이루어져야 한다. 특히, 말기 환자의 가족은 본인이 힘들어도 환자가 힘들어할까 봐 감정을 드러내지 않고, 환자보다 더 힘든 총체적 고통(신체적, 심리적, 사회경제적, 영적)과 스트레스를 겪는 경우도 많다. 임종이 다가올수록 가족들의 부담은 가중되어 가족의 위기를 경험한다. 따라서 말기단계 동안 환자와 그 가족을 위해 편안한 환경을 제공하고 자신의 상황을 알고 이해하도록 돕고, 문제에 대처할 수 있도록 대안을 검토하고 대처 방법을 결정할 수 있도록 도와주어야 한다. 즉 그들의 요구에 포괄적이고 전인적인 돌봄을 제공하여 최대한 평안하고 충만한 삶을 누릴 수 있도록 해야 한다. 이러한 총체적인 돌봄은 인간의 존엄성을 바탕으로 다학제간 팀 접근으로 제공되어야 하며, 한 단위인 말기 환자와 가족이 유기적으로 연결되어 긍정적인 영향을 미치도록 돌봄으로써 호스피스 대상자의 삶의 질을 높일 수 있다.

참고문헌

가톨릭대학교 간호대학 호스피스 연구소. 2022. *호스피스 완화돌봄*. 현문사.

국립암센터. 2020. *호스피스 · 완화의료 전문인력 표준 교재* (개정판). 보건복지부.

노유자 외. 1994. *호스피스와 죽음*. 현문사.

노유자 외. 2018. *호스피스 · 완화의료*. 현문사.

이광재 2003b. Socio-Sultural Aspect of Hospice- Palliative Care in Korea. 호스피스 · 완화요법의 최신동향. 2003년 추계 암 심포지움 자료집. 가톨릭중앙의료원 가톨릭 암센터.

한국호스피스 · 완화의료학회. 2018. *호스피스 · 완화의료*, 군자출판사.

한국호스피스완화간호사회. 2021. *호스피스완화간호*. 현문사.

Carrie L, David W. K. 2015. 17.6 The family perspective. In Northan IC. Marie TF, Stein K, et al. Oxford Texbook of palliative Medicine Oxford Univ. Press: 1101-9.

Puchalski, C, Vitillo, R., Hull, S. k., & Reller, N. 2014. Improving the spiritual dimension of whole person care: reaching national and international consensus. *Journal of palliative Medicine*, 17(6): 1-15.

제6장
임종기 돌봄

임종기는 환자에게는 매우 중요하고 인생의 총결산 시기이기도 하다. 이 시기에 환자의 고통 완화가 충분히 이루어지지 않으면, 환자는 인간다운 삶을 다할 수 없고, 가족에게도 크게 영향을 준다.

아무리 현대의학이 발달해도 사람은 태어나면 누구나 예외 없이 죽음을 맞이한다. 예기치 못한 돌연사를 제외한 많은 죽음은 말기의 시간을 보낸 후 임종을 앞두게 된다. 임종기는 환자에게는 매우 중요하고 인생의 총결산 시기이기도 하다. 이 시기에 환자의 고통 완화가 충분히 이루어지지 않으면, 환자는 인간다운 삶을 다할 수 없고, 가족에게도 크게 영향을 준다. 이에 임종을 앞둔 환자와 보호자들의 고통을 이해하고 곁에서 그들이 편안하고 품위 있는 죽음을 맞이할 수 있도록 도와주는 것은 의미가 있다.

1. 임종기

1) 임종기의 정의

임종기는 회생의 가능성이 없고, 치료에도 불구하고 회복되지 않으며, 급속도로 증상이 악화되어 사망에 임박한 상태를 말한다. 대학의학회에서는 임종기의 임상 판단 기준을 급성질환 환자, 만성질환 환자, 만성 중증 질환 환자, 체외막 산소화 장치를 적용한 환자의 4가지 임상 상황으로 나눈다.

2) 임종 전 돌봄

호스피스·완화의료팀은 임종이 임박하기 이전부터 환자와 가족의 임종 및 장례 준비를 확인해야 한다. 환자 본인의 사전의사결정, 임종 장소, 영정사진, 수의, 장례식 등의 준비 여부와 안구나 시신 기증 의사가 있는지 확인한다. 환자가 직접 의사결정을 하지 못하는 경우 대신할 주 의사결정자를 확인해야 한다.

임종 시기에 대한 기본적 돌봄

환자가 어떠한 상태가 되어도 생명의 신성함을 존중해야 하며, 불필요한 연명의료를 피하고, 자연스럽게 찾아오는 죽음을 유지하도록 한다. 통증을 비롯한 오심, 구토, 호흡곤란, 전신 권태감 등 말기에 나타나는 주요 신체적 증상을 적극적으로 조절하고 정신적, 사회적, 영적 돌봄으로 환자의 총체적 문제를 전인적으로 돌봄으로써 편안한 죽음을 맞이하도록 돕는다. 임종기 돌봄에서 가족의 역할은 매우 크며, 임종 시기에는 고칼로리 수액, 수혈, 검사, 진정 등 가족이 결정해야 하는 것이 많다. 또한, 자연스럽게 가족이 환자의 몸을 닦아주고, 가래 받아내기 등 환자 돌봄에 참여하도록 하는 것이 중요하다. 환자가 마지막 호흡을 하는 동안 가족들과 마지막까지 목소리를 들을 수 있으며, '당신을 사랑해요', '당신과 함께 있어서 행복했어요', '편안히 먼저 가세요' 등의 말을 하면서 마지막 작별 인사를 하는 것이 좋다.

임종 시기에 유의해야 할 점

죽음의 시기를 정확하게 예측하기 어렵지만, 임종기에 나타날 수 있는 다양한 증상들을 통해 환자와 가족이 죽음에 대한 인식을 정확하게 가질 수 있도록 알려주어야 한다. 호스피스 환자의 죽음은 응급상황이 아니므로 임종 과정을 자연스럽게 겪어나갈 수 있도록 하는 것이 중요하다. 평소에 좋아하던 음악이나 조용한 종교음악, 클래식을 틀어주어 환자와 가족을 진정시키고 임종실의 분위기를 부드럽게 해준다. 또한, 가족이 임종 후 슬픔을 회복하기 위해서는 '환자가 존엄하게 죽음을 맞이하였다', '최선을 다하였다'는 가족의 만족감이 필요하다. 그러므로 가족이 임종 과정에서 환자를 도울 수 있도록 기회와 시간을 제공하여야 한다.

임종 시기의 가족 돌봄

환자의 상태를 충분히 설명하고 가족이 어떻게 느끼고 있는지 이야기할 기회를 제공한다. 하지만 환자의 죽음을 가족이 수용할 수 있도록 돕는 일은 쉽지 않다. 환자의 고통 완화에 전력을 다하고, 의료적인 상태를 시간을 두고 전달하는 것이 중요하다. 가족의 대부분은 임종기의 환자를 돌보는데 익숙하지 않지만 직접 돌보고 싶어 한다. 이에 임종 과정 동안 가족이 환자와 함께하는 시간을 적절하게 계획하고 의미 있게 보낼 수 있도록 한다. 임종이 가까워지면 가족에게 임종의 징후나 발생 가능한 일들에 대해 알려준다. 환자의 죽음이 다가올 때 가족의 슬픔에 대한 지지와 사별 후 슬픔에 대한 지지 등 가족의 돌봄도 중요하다. "매우 괴롭겠지만 시간이 얼마 남지 않은 것 같습니다. 마음의 준비가 필요한 것 같습니다"라고 성의 있게 말함으로써 가족이 점차 수용하도록 도울 수 있다.

임종 장소

임종 장소는 가정이나 호스피스 병동 등 어디든지 환자의 바람대로 이루어지도록 한다. 만약 임종을 위해 다른 지역으로 이동을 원하는 경우 환자에게 바람직하지 않으므로 임종이 임박하기 전에 옮기도록 배려한다. 많은 사람이 자택에서 죽음을 맞이하고자 하지만 암처럼 조절이 어려운 증상이 있거나 하면, 환자뿐만 아니라 가족도 가정에서의 돌봄에 불안을 느끼는 경우가 많아진다. 이에 가족과 가정 호스피스·완화의료팀이 협력하여 가정에서의 임종을 희망하는 환자를 지지하고 도와주어야 한다.

임종 준비

삶의 마지막에 있는 환자는 능숙한 돌봄이 필요하다. 만약 준비되지 않았다면, 다음에 발생할 일에 걱정이 커질 수 있다. 이에 가족들이 환자가 임종 과정에 있음을 현실적으로 인지할 수 있도록 가족회의를 하도록 돕는다. 가족에게 연락은 했는지, 장례 전반에 관한 도움을 받을 수 있는 가족의 여부, 환자와 가족이 시신 기증이나 장기이식 등의 소망 여부를 확인하고 고인의 뜻에 따라 수행할 수 있도록 준비한다. 또한, 환자의 임종 후 빈소와 연락처를 알아두고 이후 절차를 준비할 수 있도록 지원한다. 아이들도 임종 과정에 참여할 수 있도록 하고, 임종 시에도 어린이가 이해하는 언어로 상황 설명을 하여 이별할 수 있도록 한다.

2. 임종 후 돌봄

임종의 순간 가족들은 당황하고 정말로 돌아가셨다는 것을 믿기 어려워 허탈감을 느낄 수 있다. 환자가 좋은 죽음을 맞이했는지에 대한 의문과 환자에게 잘못한 것 같은 죄책감을 가질 수도 있다. 이에 임종한 이후에는 돌봄의 초점이 환자에서 가족으로 전환되어야 한다. 이때 호스피스팀은 서두

르지 말고 우선 가족에 대한 마음을 위로하고 지금까지의 수고를 지지하고, 추후 사별 돌봄으로 이어질 수 있도록 안내할 필요가 있다. 만약 임종에 참여하지 못한 가족이 있으면, 환자가 어떻게 임종하였는지 이야기해 주면 많은 위로가 된다.

1) 임종 선언

가족에게 사망 시간을 알려주어 잠시 가족들이 받아들일 시간을 준다. 많은 사람이 침대 곁에서 기도하고 생각하며, 울기도 하고 침묵을 지키기도 하며, 추억에 잠기기를 원하기도 한다. 또한 마음의 평정을 찾기 위해 그 자리를 떠나기도 하며, 어떤 사람은 다른 사람이 무섭게 느끼고 이상하게 여길지라도 시신을 만지고 몸을 씻기기를 원할 수도 있다. 가족들이 원하는 만큼 충분히 작별 인사를 할 수 있도록 허용하여 쫓기는 느낌이 들지 않도록 배려한다. 가족의 문화를 존중하고 그 안에서 이루어질 수 있도록 지지한다.

2) 전화로 사망 알리기

간혹 임종 시 환자 곁에 가족이 없는 경우가 있다. 이런 경우 전화로 환자의 상태가 변화되었으며 병원으로 올 수 있는지 확인하고 기다려야 한다. 오는 사람의 인원, 오는 시간, 교통 시간의 유무 등을 확인하고 가능한 직접 대면하여 임종 사실을 알린다. 어쩔 수 없이 전화로 임종 사실을 알려야 하는 경우는 누구에게 어떤 방식으로 알려야 할지 결정하고 나쁜 소식 알리기 원칙에 따르는 것이 필요하다.

3) 임종 후 돌봄

임종 선언 직후에는 잠시 보호자들을 내보내고 정리(의료장비 제거, 환자의 자세 정리 등)하는 시간이 필요하다. 이후 가족들이 환자에게 이별을 고하도록 조용하고 독립적인 공간을 제공하고 충분히 기다려 준다. 시신을 옮기기 전 임종을 지키지 못한 사람들이 시신을 볼 수 있도록 배려한다.

급격한 애도 반응이 다소 정리되면 환자와 가족의 문화와 전통에 따라 의식이 진행될 수 있도록 돕고, 준비되면 장례식장에 연락하고 옮긴다. 사별 가족 프로그램이 있음을 알리고 언제든지 어려운 점이 있으면 연락하도록 한다.

참고문헌

가톨릭대학교 간호대학 호스피스 연구소. 2006. *호스피스 완화간호*. 군자출판사.
가톨릭대학교 간호대학 호스피스 연구소. 2022. *호스피스 완화돌봄*. 현문사.

국립암센터. 2012. *완화의료팀원을 위한 호스피스완료의료 개론* (개정판). 임종돌봄.

국립암정보센터. 2022. 말기환자의 호스피스 돌봄.

노유자 외 공저. 2018. *호스피스 · 완화의료*. 현문사.

박선숙, 한승협, 이영조, 장영화. 2023. *웰다잉을 위한 호스피스 실천론*. 학지사.

정극규, 윤수진, 손영순 공저. 2016. *알기 쉬운 임상호스피스 · 완화의료*. 마리아의 작은자매회.

한국호스피스 · 완화의료학회. 2018. *호스피스 · 완화의료*, 군자출판사.

한국호스피스완화간호사회. 2021. *호스피스완화간호*. 현문사.

제7장
생애말기 돌봄과 의사소통

적절한 의사소통은 환자와 가족의 고통을 감소시키고 삶의 질을 높일 수 있다. 진정성 있는 의사소통을 통해 진실을 알려주고, 환자의 희망을 지켜주면서 최선의 선택을 할 수 있도록 도와야 한다.

처음이면서 마지막을 경험하는 죽음에 대해 객관적으로 알려줄 수 있는 사람은 그 누구도 없다. 호스피스 대상자는 신체적 고통과 죽음에 대한 실존적인 고통 속에서 다양한 심리상태를 경험하는 특수한 상황에 있게 된다. 이러한 상황에서 위로와 안심, 격려로 가장 소중한 순간을 함께 해야 한다. 적절한 의사소통은 환자와 가족의 고통을 감소시키고 삶의 질을 높일 수 있다. 진정성 있는 의사소통을 통해 진실을 알려주고, 환자의 희망을 지켜주면서 최선의 선택을 할 수 있도록 도와야 한다.

1. 호스피스 · 완화의료와 의사소통

호스피스 대상자의 남아 있는 삶의 질을 높이는 것이 궁극적인 목적이므로 그들이 경험하고 있는 삶과 죽음에 대한 느낌과 생각에 초점을 맞추어 신뢰 관계의 형성이 우선되어야 한다. 신뢰 관계 안에서의 진정성 있는 의사소통으로 환자는 자기 자신을 수용하고, 자신과 지난 삶에 대한 통합된 사고를 촉진할 수 있다.

1) 호스피스·완화의료 전환의 의사소통

호스피스·완화의료로 전환되는 시점은 환자와 가족에게는 매우 감정적인 시기이다. 이에 환자에게 의미 있는 사람들과 관계의 강화나 회복을 격려하고 환자가 치료적 의사결정에 개입하도록 지지한다. 이 시기에 관련된 사안들은 주로 환자의 목표, 우선순위, 죽음 준비, 사랑하는 사람을 위한 일, 유서 작성, 법적·경제적 문제 등의 삶의 마무리다. 이러한 과제를 완수할 때 환자는 편안함을 느낄 수 있다.

삶의 마무리에 관한 대화의 지침은 다음과 같다. 첫째, 환자의 질병과 관련된 특별한 경험에 초점을 둘 것, 둘째, 환자가 자신의 두려움을 직면하도록 도울 것, 셋째, 환자가 실제적인 문제를 말하도록 할 것, 넷째, 호스피스·완화의료의 이행이 쉽도록 할 것, 다섯째, 환자가 평화롭고 품위 있는 죽음을 맞이하도록 도울 것. 이에 편안하고 의미 있는 방법으로 이루어지는 의사소통은 환자와 가족의 죽음준비 과정을 돕는 데 필수적이다.

2) 임종기로 전환되는 시기의 의사소통

호스피스·완화의료 대상자를 가장 힘들게 하는 것은 질병으로 인한 신체적 통증이므로 무엇보다 통증 조절이 우선시 되어야 한다. 의식이 명료한 수준의 통증 완화를 원하는

지, 인공영양을 선호하는지 등을 고려해 수위를 조절하고, 환자에게 비효율적이고 부담되는 의학적 치료 중단 등의 논의도 필요하다. 또한 임종 과정에서 치료가 환자에게 영향을 미치는 이로움과 부담도 숙고해야 한다. 인간의 신체와 정신은 상호 밀접한 영향이 있기에 환자는 신체적 고통에 따른 심리적, 사회적 고통도 갖게 된다. 죽음에 대한 직면으로 두려움, 불안, 고독, 우울, 분노와 같은 다양한 심리적 고통을 경험한다. 이러한 심리적 고통은 죽음에 대한 위기감뿐만 아니라 지나온 삶에 대한 회한 또한 크다는 것이 특징이다. 환자의 병실에 함께 있으면서, 들어주고, 모든 임종 과정의 고통을 함께하는 이러한 단순한 행동은 강력한 치유행위가 된다. 임종 과정에 있는 사람들은 신체적 통증 조절뿐만 아니라 보호받는 느낌, 존중받는 느낌, 지속적으로 연결되어 있는 느낌, 그리고 영적인 느낌 등을 필요로 한다.

이 시기에 요구되는 의사소통의 기술에는 첫째, 취약하고 생명이 점차 소멸하고 있는 환자와 함께 있는 것, 둘째, 의식적이고 무비판적인 경청과 목격자 같은 태도를 취하는 것, 셋째, 만약 환자가 죽음에 관해 화를 내거나 좌절감을 보이면 환자가 모든 느낌을 표현하도록 격려하는 것 등이다. 이때 순수하고 진정성 있는 염려를 환자에게 전하려는 마음은 강력한 힘을 지닌다. 만약에 임종 순간에 가족이 임종을 지키지 못했다면, 죄책감을 갖지 않게 지지해 준다. 또한 사망 후 가족이 환자와 잠시 함께 할 시간을 주는 것도 슬픔을 다스리는 데 도움이 된다. 유가족에게 가장 필요한 것은 누군가가 자신에게 귀를 기울여 주는 것이므로 슬픔이나 사별 후 비통함을 적극적이고 연민 어린 마음으로 경청해야 한다.

3) 죽음을 요청하는 환자와의 의사소통

호스피스·완화의료를 하는 중에 환자가 의료진에게 죽음을 앞당겨 달라고 요청하기도 한다. 대개 견딜 수 없는 신체 증상과 악화되는 장애, 자기 자신의 상실, 통제감 상실, 미래에 대한 공포, 다른 사람에게 짐이 됨, 두려움 등이 복합적으로 작용하기 때문이다. 하지만 죽음을 앞당겨 달라는 요구는 환자의 마음의 고통을 탐색하는 기회가 될 수도 있다. 호스피스·완화의료팀은 이러한 요청에 반응하기 전에 효과적인 의사소통과정을 통해 대상자의 요청이 어떤 의미인지 파악하여야 한다.

4) 가족과의 의사소통

가족과의 의사소통은 가족이 환자를 잘 돌볼 수 있도록 안내하고 돌보도록 하는 것이다. 가족 구성원과의 의사소통도 환자와의 의사소통 못지않게 중요하다. 상황에 대한 적응 수준이 환자와 가족이 서로 다르면 이들 사이에 긴장감이 생길 수도 있다. 예를 들어, 환자는 자신의 신체적 변화에 잘 적응하는데 가족들은 뒤늦게 환자의 병이 심각함을 인지할 수도 있다. 환자는 심리적으로 압도된 상태이나 가족은 상대적으로 객관적인 태도를 보이기도 한다. 비록 이러하더라도 가족들이 환자를 가장 잘 이해하므로 환자의 옹호자 역할을 할 수 있다. 치료적 의사결정이 필요할 경우 가족의 대변인 격인 한 명의 가족 구성원과 소통하는 것이 바람직하다. 간혹 신체적, 정서적, 사회적, 성적 문제를 가진 가족 구조가 있으며, 환자의 질병보다 가족의 문제가 환자를 더 고통스럽게 할 수도 있다. 다학제팀은 이런 가족의 문제를 다룰 때 특히 객관성을 유지하고 가족의 문제를 변화시킬 수 없음을 인정하고, 만약 필요하다면 사회복지사나 사목자의 집중적 개입을 제공한다.

2. 나쁜 소식 전하기

환자에게 슬픈 소식, 나쁜 소식을 전하는 것은 심각한 질환이 있는 환자에게 피할 수 없는 부분이다. 호스피스·완화의료에서 말기 환자에게 나쁜 예후 전하기, 호스피스 돌봄으로의 이행, 죽음 및 연명의료 중단에 대한 논의가 대표적인 나쁜 소식 전하기에 해당한다. 나쁜 소식은 누구에게나 충격적이고 총체적인 고통을 유발하므로 연민 어린 태도로 의사소통을 하는 것이 중요하다. 충격을 최소화하려면 환자, 가족과의 치료적 신뢰 관계 형성이 우선되어야 한다. SPIKES 모델[4])에 따르면, 나쁜 소식을 전할 때는 대화를 위한 환경을 조성하고, 환자와 가족이 이해하고 있는 바를 확인하고, 환자와 가족이 기대하고 있는 바가 무엇인지 설명을 들을 준비가 되어 있는지 확인한다. 그리고 환자에게 가장 중요한 것은 무엇인지 가장 걱정하는 바는 무엇인지 묻는다. 그 후 현재 상태에 대한 의학적 사실을 전달하고 앞으로의 목표에 대해 논의하고 호스피스·완화의료가 그 목표를 이루는데 어떻게 도움이 될 수 있는지를 설명한다. 다음으로 환자의 감정에 충분한 공감을 표해야 하며, 앞으로의 치료 및 돌봄계획을 수립하며 마무리하게 된다.

나쁜 소식 전하기는 쉽지 않은 과정이다. 정직하게 사실을 알리면서도 희망을 빼앗지 않게 전달하는 일이 어렵기 때문이다. 환자와 가족이 받을 충격을 최소화하면서 정확하게 정보를 제공하는 것은 환자와 가족이 삶과 죽음을 수용하고 여생을 의미 있게 보내도록 하는데 도움이 될 것이다.

---

4) Setting, Perception, Invitation, Knowledge, Emotions, Strategy

참고문헌

가톨릭대학교 간호대학 호스피스 연구소. 2006. *호스피스 완화간호*. 군자출판사.

가톨릭대학교 간호대학 호스피스 연구소. 2022. *호스피스 완화돌봄*. 현문사.

공병혜. 2017. *돌봄의 철학과 미학적 실천*. 서울대학교출판문화원.

김남초, 공은숙 외. 2019. *말기 돌봄을 위한 호스피스 간호*. 학지사메디컬

노유자 외. 2018. *호스피스 · 완화의료*. 현문사.

한국호스피스 · 완화의료학회. 2023. *호스피스 · 완화의료*(개정보완판), 군자출판사.

한국호스피스완화간호사회. 2021). *호스피스완화간호*. 현문사.

Buckman, R. 1992. *How to Break Bad News: A Guide for Health Care Professionals*. Balti-more: The Johns Hopkins University Press.

Robert Buckman. 2014. *무슨 말을 하면 좋을까*. 모현호스피스 옮김, 마리아의 작은 자매회.

제8장
특수대상 호스피스 · 완화의료

소아청소년 완화의료의 대상 질환은 각 질환에 해당하는 환자 수가 적으나 예측하기 어려운 예후가 많아 정형화된 서비스보다는 의료적 상황에 따른 다양한 돌봄이 필요하다. 노인 호스피스 · 완화의료 대상은 연명의료결정법(2018.3.27 일부 개정)에 따른 노인 환자로, 생명 연장이 아닌 임종할 때까지 삶의 질 유지를 추구하는 노인과 가족이다.

1. 소아청소년 완화의료

세계보건기구(WHO)에서는 소아청소년 완화의료를 생명을 위협하는 질환이 있는 소아의 신체, 마음과 영혼에 대한 돌봄, 가족에 대한 지원을 제공하는 적극적이고 총체적인 돌봄으로 정의하였다. 현대의학의 발전으로 최근 소아암의 생존율이 70%를 상회하고 있으나 소아암의 예후는 여전히 좋지 않다. 소아청소년 완화의료의 대상 질환은 각 질환에 해당하는 환자 수가 적으나 예측하기 어려운 예후가 많아 정형화된 서비스보다는 의료적 상황에 따른 다양한 돌봄이 필요하다.

소아청소년은 신체적, 정서적, 인지적으로 발달하는 과정 중에 있으므로 환자의 발달 상태를 고려한 개별적 평가와 접근이 필요하다. 대부분의 의사결정이 부모를 중심으로 이루어지게 되며, 가족이 보호자이자 간병인 역할을 하므로 부모와 형제들도 치료의 대상에 포함된다. 소아청소년의 경우 진단 초기부터 치료와 동시에 완화의료를 제공하는 것이 중요하며, 연속적인 돌봄 과정이 강조된다. 완치가 가능한 경우에도 강도 높은 치료와 불확실한 예후로 인한 신체적, 심리적, 사회적, 영적 고통을 경험하고 있으며, 삶의 질이 낮다. 또한 복합적 장애로 인해 의료기기 의존도가 높으며, 고도의 의료

서비스를 요구하는 소아청소년 환자가 늘고 있다.

우리나라는 2018년 7월부터 소아청소년 호스피스·완화의료 시범사업을 운영하고 있으며, 자문형으로 운영된다. 대상은 만 24세 미만의 환자로 병원의 일반병동, 중환자실, 응급실 등에 입원해 있거나 외래 또는 가정에서 소아완화서비스를 희망하는 소아청소년 환자와 가족이다. 소아완화의료팀은 의사, 간호사, 사회복지사를 포함하여 심리학자, 성직자, 미술치료사, 놀이치료사 등의 다학제팀으로 구성되어 있다.

소아청소년의 죽음은 본인뿐만 아니라 가족들에게도 말할 수 없는 고통을 준다. 부모는 아이를 돌보고 지키고자 하는 본능이 있기에 죽음은 싸워서 이겨야 하는 대상으로 인식한다. 이 모든 싸움에도 불구하고 아이가 사망하는 경우 부모는 죄책감, 무기력함, 절망감과 삶의 중심을 잃고 흔들리는 경우가 많다. 이러한 과정에서 호스피스·완화의료팀은 적극적인 증상 조절로 가능한 가장 편안한 상태를 유지하고 아픔을 함께 나누며 환자와 가족이 원하는 장소에서 함께 있도록 한다. 아울러 임종 과정에 함께 있음을 확인시켜 주어 환자와 가족이 고립감에서 벗어날 수 있도록 심리적, 영적 지원을 제공하여야 한다.

2. 노인 호스피스·완화의료

노인 호스피스·완화의료 대상은 연명의료결정법(2018. 3. 27 일부 개정)에 따른 노인 환자로, 생명 연장이 아닌 임종할 때까지 삶의 질 유지를 추구하는 노인과 가족이다. 즉 노인 호스피스는 65세 이상의 암 및 비암성 말기환자에게 생명의 연장이 아닌 삶의 질을 높여주는 돌봄을 제공하고 환자와 가족의 요구를 파악하고 지지하는 전인적이고 인도적인 포괄적 돌봄 제공을 의미한다. 노인 환자는 다양한 요인에 영향을 받기 때문에 노인 환자가 보유한 기존 질환, 기능 수준, 인지 상태와 질병 경과의 특이성을 고려하여 호스피스·완화의료에 대한 요구를 총체적으로 살펴보고 결정해야 한다. 또한 배우자 상실, 사회적 고립, 독거 등으로 인해 심리사회적 지지가 미흡한 것도 고려 요인이다.

즉, 총체적 돌봄을 제공하는 노인 호스피스·완화의료가 되려면, 첫째, 환자가 통증이나 증상에 대한 표현이 모호하므로 자세히 관찰하고 반응을 잘 살펴야 한다. 이때 가까운 가족이나 돌보는 이들의 도움이 반드시 필요하다. 둘째, 가족과 원활한 의사소통을 통해 이해와 협조를 잘 받아야 한다. 환자가 배제된 가족들의 일방적 결정일 경우에는 환자의 의견을 존중하도록 도울 필요가 있다. 셋째, 자연스럽게 죽음을 수용하는 노인도 있지만, 끝까지 받아들이기 힘들어하는 노인도 있으므로 생명 존중과 전체적인 안녕을 위한 전인적인 돌봄이 필요하다.

환자의 의존성은 돌봄 제공자에게 신체적, 정서적인 어려움이 될 수 있다. 특히 돌봄 제공자가 고령의 배우자나 형제일 경우 환자를 돌보는 과정에 자신의 건강도 해치게 된다. 아울러 직장의 포기로 경제적 문제에 봉착하거나, 학업 중단, 자녀 양육 등 다양한 문제가 발생하기도 한다. 호스피스는 환자와 가족이 대상이므로 그들의 신념과 가치를 존중하고 가족을 중심으로 얽힌 문제나 집착을 정리하고, 이별을 잘할 수 있는 환경조성과 심리적 지지를 제공하여야 한다. 노인 환자의 임종은 배우자도 신체적인 제한이 있는 노인이거나, 자녀들은 직장, 학업, 다른 가족을 보살펴야 하는 이중고를 겪으면서 환자에게 소홀했다는 죄책감과 상실감을 갖게 한다. 특히 애증과 같은 복합적인 감정이 얽혀 있을 때 고통은 더욱 심각할 수 있다. 이에 환자의 임종 과정까지 가족들이 겪었을 느낌과 생각들을 세심하게 살피어 최선을 다했음을 위로하고 죄책감에서 벗어날 수 있도록 도와야 한다. 아울러 사별 후 불필요한 감정의 고통에 빠져있지 않도록 도와야 한다.

3. 비암성 말기질환 호스피스·완화의료

의과학의 발전으로 질환 말기에도 다양한 치료가 지속되고 있다. 하지만 말기질환은 대개 호전과 악화를 반복하면서 말기로 진행되며, 특정한 시점을 '말기'로 진단하기 어렵고, 비교적 예후가 좋지 않다. WHO는 초기에는 완화의료 대상 질환을 말기질환으로 한정하여 제시하였으나, 최근에는 암, 후천성면역결핍증(AIDS), 심혈관질환, 신부전, 만성 호흡기 질환, 당뇨, 다발성 신경증, 파킨슨병, 치매, 류마티스 관절염, 만성 간질환 등을 포함한 만성질환으로 확대하여 제시하고 있다(WHO, 2015). 이에 국내외적으로 암성질환과 더불어 말기 만성질환에 대한 호스피스·완화의료적 접근의 필요성이 대두되었다.

우리나라는 2017년부터 암, 후천성면역결핍증, 만성 폐쇄성 호흡기질환(COPD), 만성 간경화 질환이 대상이며, 담당 의사와 해당 분야 전문의 1명이 수개월 이내 사망이 예상될 것으로 진단받은 환자, 회생 가능성이 없고 치료에도 회복되지 않고 급속하게 증상의 악화로 사망에 임박한 상태의 판단을 받은 환자에게 호스피스·완화의료 서비스를 제공하고 있다. 2019년 호스피스 연명의료 종합계획 발표 이후 폐, 간 등 장기별 질환군을 중심으로 확대 전환을 추진하고 있다.

비암성 말기질환은 암질환과 달리 신체기능의 저하가 천천히 이루어지며 때로는 급작스럽게 질병이 악화되는 경우가 있으며, 회복하지 못하면 질병의 경과가 진행성이기에 질병 자체 또는 합병증에 의해 사망에 이르기도 한다. 또한 말기 환자는 자신의 건강 상태에 대한 불확실성으로 우울감을 느끼고 절망한다. 회복 가능성이 없고, 자율적인 존엄성이 결여된 상태에 대한 두려움 등으로 죽음을 요청하는 경우가 발생하며, 악화의 고통을 조기에 종결하고자 적지 않은 환자들은 죽음을 선택하기도 한다. 이에 정기적 상담을 통해 우울감과 죽음 생각을 파악하여야 한다. 불안과 우울증을 겪는 대상자에게는 심리·사회적 돌봄, 경제적인 도움 등으로 안녕감을 높이고, 적절한 증상 조절과 적절한 시기의 의료적 개입으로 인격적 존엄성을 최대한 유지하도록 하여야 한다.

4. 후천적 면역결핍증후군

인간면역결핍바이러스(human immuno deficiency virus, HIV)감염증은 성관계, 감염된 혈액의 수혈, 감염된 산모의 임신, 출산의 수직 전파를 통해 감염되는 질환이며, 장기간의 무증상기가 특징이다. HIV 감염은 항레트로바이러스 치료제의 투약으로 관리하는 만성질환이지만 고령화와 늦은 치료로 면역력이 낮아 여러 합병증을 경험하는 환자가 많다. 이에 조기사망과 만성적인 중증 합병증을 경험하게 된다. 감염인들의 증상이 적극적으로 관리되지 않기 때문에 진단과 치료 초기부터 완화의료의 병행이 필요하다.

에이즈는 곧 죽음이라는 오해로, 감염인이 마주치게 되는 첫 번째 문제는 죽음이다. 즉 감염인들은 진단 통보를 받는 순간 심리적으로 이미 죽은 사람이 된다. 또한 감염인들은 가족에게도 감염 사실을 쉽게 털어놓지 못하는 상태에서 홀로 고통과 죽음에 맞서야 하기에 어려움이 더욱 가중된다. 감염인들의 정신적 특성 중 하나는 물질남용과 장기적 삶의 계획이 없다는 것이다. 두 번째의 어려움은 자신을 용서하는 문제이다. 감염인에게 가해지는 도덕적 비난과 사회적인 낙인 등에 억울함을 호소하면서도 스스로 강한 죄책감을 갖는다. 사회적 편견과 차별은 가족에게도 영향을 주어 가문의 수치로 여겨서 단절을 선언하기도 한다. 또한, 가족과 단절의 다른 이유는 에이즈에 대한 오해와 무지로 인한 질병에 대한 두려움도 있다. 이러한 감염인에 대한 부정적인 사회적 인식과 편견은 억울함과 사회에 대해 피해의식을 갖게 한다. 이에 호스피스팀은 감염인이 죽음의 문제를 어떻게 받아들이는가에 따라 삶의 질이 달라지므로 전인적 돌봄과 더불어 사회를 대신해 위로와 용서를 나누어야 한다. 아울러 가족의 지지를 받지 못해 외롭게 투병하며 죽음의 과정에 이르는 경우가 많으므로, 가족들에게 에이즈에 대한 올바른 정보제공으로 두려움을 해소하도록 해야 한다.

참고문헌

가톨릭대학교 간호대학 호스피스 연구소. 2022. *호스피스 완화돌봄*. 현문사.

국립암센터. 2020. *호스피스 · 완화의료 전문인력 표준 교재* (개정판). 보건복지부.

국립암센터. 2023. *권역별 소스피스센터 사업안내*. 보건복지부.

국립암센터. 2023. *표준교육과정 II (실무교육)*. 복건복지부.

김현숙, 유수정 외. 2012. *노인호스피스완화돌봄 교육자 매뉴얼*. 군자출판사.

노유자 외. 2018. *호스피스 · 완화의료*. 현문사.

보건복지부. 2023. 소아청소년완화의료 사업안내.

한국호스피스 · 완화의료학회. 2018. *호스피스 · 완화의료*, 군자출판사.

한국호스피스완화간호사회. 2021. *호스피스완화간호*. 현문사.

제9장
보완 · 대체요법

보완 · 대체요법은 과학적으로 근거가 밝혀진 것보다는 경험적인 것으로 질병의 완치보다는 증상 조절에 중점을 두고 있다. 보완 · 대체요법을 이용하는 사람들은 대부분 기존의 치료에 만족하지 못하거나 치료의 효과를 기대하기 어려운 난치성 질환자나 말기 환자들이다.

호스피스·완화의료에서는 전인적 통합적 서비스를 제공하므로 의료적 접근과 더불어 다양한 보완요법을 적극적으로 활용하고 그 효과에 대한 검증도 활발하게 이루어지고 있다.

보완·대체요법이란 보완요법(Complementary therapy)과 대체요법(Complementary therapy)을 포괄해서 지칭하며, 질병이나 건강 문제를 해결하거나 건강을 유지, 증진하는 모든 것을 포함한다. 보완·대체요법은 과학적으로 근거가 밝혀진 것보다는 경험적인 것으로 질병의 완치보다는 증상 조절에 중점을 두고 있다. 보완·대체요법을 이용하는 사람들은 대부분 기존의 치료에 만족하지 못하거나 치료의 효과를 기대하기 어려운 난치성 질환자나 말기 환자들이다. 이에 다양한 방법으로 정보를 찾게 되며, 이러한 정보들은 종종 부정확하며, 간혹 위험할 수도 있다. 환자의 대부분은 암치료를 위한 보완·대체요법을 사용하기 전에 의료진과 상의하지 않는다. 왜냐하면, 보완·대체요법에 대한 의료인들의 편견으로 보완·대체요법을 반대하거나 또는 관심이 없기에 알리지 않는 것을 선택하기 때문이다. 만족할 만한 치료법이 없을 때 환자나 가족은 절망과 무력감에 빠진다. 하지만 정통 치료를 거부하고 보완·대체요법에 매달리다가 시간적, 경제적, 심리적 손실로 낭패를 당할 수 있으므로 광고나 입소문에 지나

치게 의존하지 말아야 한다. 암 환자들이 보완·대체요법을 이용하는 것은 세계적 현상으로 미국암협회는 과학적(임상) 연구에서 안전과 효과가 증명된 요법은 인정하고 있다. 미국의 경우 보완·대체요법의 이용자들은 비교적 젊은 층(25~49세), 백인과 아시아계, 중산층이 많고, 이들의 72%는 의사와 상의 없이 활용하고 있다. 이는 환자가 선택한 대체요법을 주치의가 금지할까 봐 우려하고 있기 때문이다. 우리나라 또한 암 환자의 53%가 보완·대체요법 치료 경험을 보고하고 있다. 보완·대체요법 선택 시 피해야 할 요법은 다음과 같다.

첫째, 증명되지 않았거나 해로운 것으로 입증이 된 경우, 둘째, 모든 암을 치료하므로 기존의 정통적인 치료를 받을 필요가 없다고 선전하는 경우, 셋째, 보완·대체요법을 사용하거나 약물 사용을 비밀로 하는 경우, 넷째, 보완·대체요법을 시행하고 있는 사람이 기존의 정통의학을 부정하는 경우이다. 보완·대체요법을 선호하는 대상자들을 보호하기 위해서 관련 전문가들은 올바른 정보를 제공해야 하며, 대상자가 원하는 경우는 담당의와 상의하도록 해야 한다. 이러한 과정을 통해 특정 요법의 이용이나 중복 이용으로 인한 잠재적 위험을 피할 수도 있다.

1. 보완·대체의학의 주요 영역

보완·대체의학의 분류법으로 가장 널리 통용되는 것은 미국보완통합보건센터(NCCIH)의 분류이며, 5가지 영역으로 ① 대체의학 체계, ② 심신의학, ③ 생물학적 치료법, ④ 수기요법과 신체에 기초한 요법, 그리고 ⑤ 에너지 요법으로 나뉜다.

1) 대체의학 체계

대체의학 체계(Alternative Medical Systems)는 문화 및 사회적 토양 속에서 나름대로 완벽한 이론과 임상 체계에 기초하여 만들어진 것으로 정통의학보다 훨씬 이전부터 발전해왔다. 서양의 동종요법, 자연요법, 전통 중의학, 인도의 아유르베다 등이 여기 속한다. 북아메리카 인디언, 호주 토착민, 아프리카 토인, 중동, 티베트, 중남미 등에서 유래된 다양한 전통 민속요법이 여기에 속한다.

2) 심신의학

심신의학(Mind Boby Medicine)은 '심적인 능력을 이용하여 정신과 신체의 기능을 증진시켜 각종 질병과 장애 그리고 그에 따른 증상들을 예방 및 완화하거나 치료하게 하는 다양한 기술'을 포함하는 의학의 한 분야이다. 임상 영역에서 주로 사용되는 심신 요법에는 바이오피드백, 심상 유도, 자율신경훈련, Jacobson의 점진적 이완 요법, 이완 반응, 최면 및 자가 최면요법, 요가, 태극권, 각종 명상, 심호흡법 등이 있다. 명상은 암 환자의 스트레스와 불안을 낮추고 불면 증상을 호전시키는 효과가 있다.

3) 음악요법

음악은 감정을 환기시키며, 정서적으로 순화되는 느낌을 갖게 한다. 호스피스·완화의료에서 음악요법은 통증, 불안, 우울의 완화, 자기표현, 자존감 등의 강화를 위해 널리 사용될 수 있다. 음악요법은 말기 환자의 신체적, 심리적, 사회적, 영적 고통을 완화하고, 환자와 가족 및 주변인들과의 유대관계 형성을 돕는다. 인생의 회고와 삶의 마지막 여정을 아름답게 마무리할 수 있도록 음악치료를 활용한다.

4) 미술요법

미술요법은 상호보완적 치료, 비약물적 치료 중 하나로, 미술을 매개로 말기 환자의 내적 갈등을 은유적이고 상징적인 이미지로 표현하도록 하기에 저항감과 부담이 덜하다. 환자와 가족의 다양한 증상의 감소와 고통에 대한 대처능력을 높인다. 또한 안전한 심리적 공간의 제공으로 환자 스스로 삶의 의미를 발견하고 통제하는 경험을 통해 정서적 갈등은 물론이고 안정감과 수용의 경험 등 심리적 개입을 통해 삶의 의미를 통합하여 남은 생을 고통 없이 죽음까지 편안하게 다룰 수 있도록 돕는다. 미술요법 과정에서 만들어진 미술작품은 이후 가족에게 남겨질 수 있는 환자의 흔적으로 소중한 유품이 될 수 있다. Kübler-Ross는 호스피스·완화의료 환자 돌봄을 통해 삶의 마지막이 인생의 가장 창조적 단계임을 경험했으며, 이를 환자의 그림 활동에서도 볼 수 있었다고 하였다.

5) 원예요법

원예요법은 환경요법의 하나로 주재료가 식물이다. 원예학에 의학을 접목시킨 보완치료의 한 형태이다. 식물을 통해 자연친화적 환경을 조성하여 말기 환자의 생리적, 심리적 안정에 기여하고, 죽음을 앞둔 환자와 가족에게 죽음에 대한 인식변화, 죽음을 삶의 일부분으로 수용하며, 살아있는 동안 삶에 참여할 수 있음을 깨닫게 하여 남은 삶의 시간을 가치 있고 의미 있게 하는 것이다.

6) 웃음요법

웃음요법은 웃음과 미소, 즐거운 감정을 유발시키고, 상호작용을 가능하게 하는 의사소통의 일종이다. 웃음요법은 일상생활에서 재미있는 경험이나 표현을 이용해 대상자의 건강과 안위를 증진시키는 활동이다(미국웃음요법협회). 호스피스·완화의료 서비스에서 웃음요법은 신체적, 정서·심리적 안정감을 제공한다. 대상자의 이슈를 발견하여 의미 있게 발전시키고 생각과 느낌을 표현하도록 하여 생활에 활력을 주며, 그들의 환경을 통합하도록 한다. 말기환자와 가족을 위한 웃음요법의 기본은 사랑이다. 하지만 죽음 준비를 하는 환자와 가족을 돕는데 있어 웃음요법은 매우 조심스럽고 어려운 일이다. 하지만 웃음요법은 큰소리의 웃음만이 아니므로 손을 잡고 있는 것, 눈빛을 마주 보는 것, 마주 보고 미소를 보내는 것으로도 웃음요법을 적용할 수 있다.

2. 생물학적 요법

생물학적 요법(Biologically Based Therapies)은 약초, 음식물, 비타민, 미네랄 등 자연에서 얻을 수 있는 물질을 이용한 치료법이다. 효소요법, 약초요법, 향기요법 등이 포함된다.

3. 수기요법과 신체에 기초한 요법

수기요법과 신체에 기초한 요법(Manipulative and Body-based Method)은 카이로프래틱, 정골의학, 마사지 등 수기요법과 신체의 움직임을 활용한 신체적 요법을 기초로 한다. 치료 원리는 척추를 비롯한 뼈, 관절 및 근육을 손으로 만져서 뇌와 장기 사이의 신경 흐름을 원활하게 하여 질병을 치료할 수 있다는 가설에 근거한다. 그러나 종양이나 감염 등으로 감각수용체를 통한 자극이 효과가 없는 경우에는 주된 치료법으로 활용할 수 없다.

4. 에너지 요법

에너지 요법(Energy Therapies)은 에너지를 이용한 치료법으로 생물장(biofield) 요법과 생체 전자기장을 근거로 하는 요법이 있다. 생물장 요법이란 인체를 둘러싸거나 투과한 기나 에너지장을 조절하는 치료법으로 아직 과학적으로 증명되지 않았다. 기공, 레이저 및 치료적 접촉 등이 있다. 생체전자기장에 근거한 요법에는 펄스, 교류 또는 직류, 자석과 같은 전자기장을 치료에 이용한다. 보완·대체의학에서 주로 이용하는 것은 비열성, 비전리 전자기장이다.

1) 침술요법

암환자를 대상으로 시행한 임상시험에서 침술은 안면호조, 오심, 구토, 통증, 피로, 불면에 일부 효과가 있었으나 의식상태가 명료하지 않거나 조절되지 않는 부정맥 등이 있는 경우에는 피해야 한다.

2) 아로마 요법

아로마 요법은 적용 방법이 용이하고 부작용이 적어 말기 환자의 신체적, 정신적 증상 조절을 위해 사용이 점차적으로 증가하고 있다. 우울 및 정신적 안녕에 단기간의 효과가 있으며, 긴장 완화, 스트레스 조절, 통증 및 수면에 도움이 된다.

국가암정보센터는 보완·대체요법의 선택 시, 진단받은 암과 현재 자신의 건강상태에 대해 충분히 알아야 하며, 현재 받고 있는 모든 치료와 치료로 인한 부작용, 보완·대체요법의 작용에 대한 이해의 필요성을 강조한다. 보완·대체요법의 활용이 제도적으로 적절히 통제되지 않기에 환자의 건강과 관련된 위험이 초래될 수 있다. 특히 말기 암환자를 대상으로 한 보완·대체요법의 효능을 검증한 임상연구는 거의 이루어진 적이 없다. 근거가 충분히 증명된 보완·대체요법은 환자들이 적극적으로 사용할 수 있게 해야 하지만 생명을 단축하거나 삶의 질에 부작용이 있다면 중단해야 한다. 이에 환자가 보완·대체요법의 적용을 원할 경우는 올바른 정보를 제공하고 담당의와 상의하도록 해야 한다.

참고문헌

가톨릭대학교 간호대학 호스피스 연구소. 2022. *호스피스 완화돌봄*. 현문사.
김경희. 2008. 말기 암환자를 위한 꽃 색채조화 원예치료 프로그램 개발 및 적용. 배재대학교 대학원 박사학위 논문.
김부영, 김정선. 2001. 간호중재로서의 원예요법에 관한 고찰. *성인간호학회지*, 21(4): 409-419.
김은정. 2018. 한국의 호스피스 음악치료. *한국호스피스완화의료학회지*, 21(4): 109-114.
노유자 외. 2018. *호스피스·완화의료*. 현문사.
변광호. 2004. 새로운 의료파라다임: 통합의학과 생활습관의학, 스트레스 연구, 12(1): 1-8.
신경림, 김애정. 2009. *보완대체 간호중재*. 현문사.
이임선, 정해성 외. 2016. *병원웃음치료*, 다음생각.
조은아, 오현이. 2011. 웃음요법이 유방암 생존자의 우울, 삶의 질, 극복력, 면역반응에 미치는 효과. *대한간호학회지*, 41(30: 285-293.
한국호스피스완화간호사회. 2021. *호스피스완화간호*. 현문사.

제10장
사별 가족 돌봄

호스피스·완화의료에서의 사별 가족 돌봄을 제공하는 목적은 사별 가족들이 슬픔과 상실의 위기를 잘 극복하고, 질병을 예방하며, 사별 후 새로운 삶을 살아가도록 돕는 것이다.

인간은 삶 중에서 크고 작은 상실을 경험한다. 그중에서 가장 커다란 상실은 죽음으로 인한 상실이다. 사별 후 남은 가족은 함께했던 사람의 빈자리를 느끼며 살아야 하며, 비탄의 감정들을 감내해야 한다. 사랑하는 사람과의 사별은 남은 가족에게 커다란 충격을 주고 고통스럽고, 깊은 슬픔에 빠지게 한다. 사별의 슬픔과 고통은 신체적, 심리적, 경제적, 영적인 문제를 유발하며 일상생활의 어려움을 초래하기도 한다. 사별 가족이 슬픔을 잘 극복하고 사별의 현실을 받아들여 이전의 안녕 상태를 회복하고 성숙한 삶을 살 수 있도록 하기 위해서는, 죽음을 앞둔 환자의 가족에게 올바른 정보제공과 교육을 통한 돌봄으로 가능한 환자에게 최선을 다하였다는 확신을 주어야 한다. 아울러 편안한 환경에서 환자와 가족의 애정 어린 관계 맺음은 가족의 비탄을 감소시킬 수 있다. 호스피스·완화의료에서의 사별 가족 돌봄을 제공하는 목적은 사별 가족들이 슬픔과 상실의 위기를 잘 극복하고, 질병을 예방하며, 사별 후 새로운 삶을 살아가도록 돕는 것이다.

즉, 사별 가족 돌봄의 제공은 환자가 사망하기 전부터 시작된다. 말기 환자가 있으면 가족들은 육체적으로나 정신적으로 허약한 상태가 지속되므로 사별 가족에 대한 돌봄서비스는 예방의학의 측면도 있다. 이에 호스피스·완화의료 대상자로 결정되는 시점부터 환자의 임종 훨씬 뒤까지 폭넓게 이루어져야 한다. 사랑하는 사람의 조기 상실과 비탄, 그리고 총체적인 고통에 직면한 사별 가족의 돌봄이 제대로 관리되지 않으면 임종을 앞둔 환자는 물론 그의 가정, 사회, 국가적으로 부정적 영향을 미칠 수 있다.

1. 사별 가족 슬픔 돌봄

린더만(Lindemann, 1994)은 정상적 슬픔의 기간은 약 6~8주부터 2년 또는 그 이상이 될 수도 있다고 하였다. 이는 사별 가족에 대한 돌봄은 매우 중요하며 장기적 돌봄이 될 수 있음을 의미한다.

호스피스·완화의료에서는 통상적으로 사별 후 약 13개월간을 사별 가족 돌봄 기간으로 규정하고 있다. 대상자에는 환자, 가족, 의미가 있는 사람들 모두가 포함된다. 환자가 진단을 받거나 호스피스·완화의료에 입원한 당시부터 돌봄이 시작되며, 사별로 인한 슬픔이 복잡하고 지연되고 심각하게 진행되기 전에 징후와 증상, 반응 등을 세심하게 살펴야 한다. 사별 가족의 도움이 필요한 단서들은 다음과 같다. 우울 증상, 지연되고 심각한 슬픔, 자기 파괴적 행동, 술이나 약물 사용의 증가, 다른 사람과의 관계 단절과 고인에 몰두하기,

정신질환의 기왕력, 지각된 사회적 지지의 결핍감 등이다.

1) 사별 관리의 방법
사별 관리 내용

사별 관리는 사별 가족이 겪고 있는 사별 단계에 따라 다르게 적용해야 하지만 핵심적으로 적용되어야 하는 내용은 다음과 같다.

첫째, 슬픔에 대한 표현을 경청해야 한다. 울거나 고인을 그리워하고, 고인을 추모하는 말들, 죄책감과 분노 등의 부정적 감정표현도 판단 없이 그대로 들어주어야 한다. 특히 애도 과정인 임종과 장례식, 49제, 100일, 제사 등에서 충분히 슬픔을 표현할 수 있도록 격려해야 한다. 울고 싶은 만큼 울 때 빨리 회복하고 강해짐을 알려주는 것도 중요하다. 둘째, 사별은 고통스럽다는 현실을 인정하도록 돕는다. 고인을 마음에서 떠나보내는 일은 매우 어렵고, 고통스러운 것이다. 많은 시간이 필요함을 알려주어 조급한 마음을 갖지 않게 도와준다. 셋째, 고인을 잘 추모할 수 있도록 한다. 사별기간 동안 고인의 죽음에 관련된 사건들을 자세하고 지속적으로 이야기하는 경향이 있는데 이는 고인을 영원히 기억하고자 하는 과정이므로 사별 가족의 이야기를 경청하고 글쓰기를 격려한다. 유품정리는 서두르지 말고 회복 정도에 따라 서서히

정리하도록 한다. 넷째, 실질적인 도움을 주는 것이 필요하다. 사별 초기에는 함께 있어 주고, 적절하고 실질적인 도움(가사, 행정적 도움, 사망신고, 유품정리, 각종 애도행사 도움)을 주도록 한다. 다섯째, 스스로 잘 돌볼 수 있도록 격려한다. 일상생활과 직장의 일을 줄여 단순하게 하고 건강검진, 충분한 휴식, 영양관리, 산책 등의 가벼운 운동을 통해 건강관리를 하도록 한다. 자신에게 특별히 대접하도록 맛있는 음식, 꽃, 향수 등을 자기 자신에게 선물하도록 하는 것도 좋다. 또한 이사나 결혼 등의 중대사는 적어도 약 1년간 결정을 미루도록 한다. 어느 정도 판단력과 힘이 생겼을 때 수행하는 것이 바람직하다. 여섯째, 정상적인 슬픔 반응과 사별 단계별로 필요한 교육을 제공한다. 자살에 대한 언급이나 술 및 약물(안정제, 진정제)의 과도한 사용 시 전문가에게 도움을 요청한다. 일곱째, 고인의 죽음과 관련하여 가족관계의 갈등과 문제가 생길 경우 해결할 수 있도록 도우며, 가족이 서로 자신의 감정을 표현하고 이야기를 나눌 수 있도록 격려한다. 여덟째, 가치관, 철학, 신념 등의 위협으로 삶의 방향이 흔들릴 수 있으므로 삶의 의미를 재창조할 수 있도록 영적인 활동(좋은 글과 책, 기도, 명상)을 격려한다. 마지막으로, 적응 단계에서 새로운 관계 맺기나 미루어 왔던 결정 등을 하나씩 실천해 보도록 격려한다. 이 시기에는 사별한 사람이 내면의

힘과 기쁨, 영적 성장의 경험을 나누기도 한다.

사회적 지지자원 활용

사별가족 돌봄은 전문가뿐만 아니라 친구, 이웃, 자원봉사자 등 다양한 사회적 지지자원을 활용하여 제공할 수 있다. 일반인과 전문가에 의한 지지자원 제공은 다음과 같다([표 6]).

[표 6] 사회적 지지자원 제공

일반인	전문가
우정 방문	성직자의 방문
식사 제공	성직자의 상담
먼저 사별을 경험한 자에 의한 비공식적 지지	간호사, 의사, 심리사, 사회복지사, 정신건강 전문의 상담
일반인 지지 집단	전문가 지지집단
문화적 및 종교적 의식에 참여	호스피스·완화의료기관에서 제공하는 추모서비스
사별 사유가 유사한 집단에 참여	사려 깊은 경청자
운동	사별 사유가 유사한 집단에 개인 의뢰
새로운 집단에 참여	사별 프로그램에 의뢰

사별 관리 서비스

사별 관리의 내용은 병적인 슬픔으로 발전되는 요인을 살펴보고, 사별 후 일년 또는 그 이상의 도움이 필요하지 않을 때까지 다양한 서비스를 제공할 수 있으며, 개인 상담이나 가족 상담, 사별자 자조모임 등이 있다. 자조모임은 일반적인 대상자와 특별한 대상자(에이즈, 자살자, 다중 상실 등)로 나누어 진행할 수 있으며, 가정방문을 하거나 전화로 상담할 수도 있다. 또한 정기적인 편지나 교육, 정보지 발송은 대인기피 현상을 보이는 사별가족에게 유용한 방법이다. 또한 장례식, 애도 및 추모행사(삼우제, 49제, 100일, 1주기)에 참석하거나 애도행사를 주최하여 사별가족을 초대할 수도 있다. 이외에도 다양한 정서적 지지모임, 교제를 위한 모임과 교육 프로그램 등 다양한 사별돌봄 서비스를 제공할 수 있다. 한편, 모든 사별관리 프로그램 운영의 기본원칙은 약속 엄수, 공정한 나눔의 시간, 비밀 유지, 불필요한 충고 금지 등이다.

2. 나가면서

인간은 누구나 살아가면서 생명을 다하고 죽음의 단계에 이르기까지 존엄성과 전인적 돌봄을 받을 권리가 있다. 호스피스·완화의료는 말기 환자와 임종 환자들에게 전인적, 포괄적 서비스를 제공하여 총체적 고통을 완화함으로써 생애 마지막까지 품위를 유지하고 인간답게 지낼 수 있도록 돕는다. 삶의 질 향상과 좋은 죽음에 대한 사회적 관심과 요구가 증가하면서, 생명 연장 중심의 의학에서 죽음을 앞둔 환자의 돌봄으로 관심이 점차 확장되고 있다. 이에, 호스피스·완화의료의 중요성도 점차 높아가고 있다.

호스피스·완화의료는 오래전부터 각국의 문화와 역사에 따라 다양한 형태로 발전해왔으며, 한국의 호스피스 역시 사회적, 종교적, 의료적 요구와 관련자들의 지속적인 노력에 의해 현재의 제도에 이르렀다. 연명의료결정법이 제정된 이후 무의미한 연명의료와 호스피스·완화의료에 대한 인식 또한 변화하고 있다.

생애 말기에도 높은 삶의 질을 유지하며 좋은 죽음을 맞이하도록 하는 것이 목표인 호스피스·완화의료는 죽음이 가까운 시기에 인간이 가장 밀접하게 경험하는 가장 의미 있는 의료서비스 활동이다. 그러므로 죽음교육 활동가들이 호스피스·완화의료의 중요성을 인식하고 이해하여 지역사회에서 생명의 존엄성뿐 아니라 삶의 질과 죽음의 질도 높일 수 있도록 도움을 주어야 할 것이다.

참고문헌

가톨릭대학교 간호대학 호스피스 연구소. 2022. *호스피스 완화돌봄*. 현문사.

국립암센터. 2020. *호스피스 · 완화의료 전문인력 표준 교재* (개정판). 보건복지부.

김은경. 2004. *사별 가족 돌봄*. 한국가톨릭호스피스협회, 31: 3-8.

김창곤. 2007. 호스피스 · 완화의료에서의 사별돌봄. *한국호스피스 완화의료학회*, 10(3): 120-127.

김현숙, 유수정, 김분한 외 공저. 2012. *노인호스피스완화돌봄 교육자 매뉴얼*. 군자출판사.

노유자 외 공저. 1994. *호스피스와 죽음*. 현문사.

노유자 외 공저. 2018. *호스피스 · 완화의료*. 현문사.

정극규, 윤수진, 손영순 공저. 2016. *알기 쉬운 임상호스피스 · 완화의료*. 마리아의작은자매회.

최화숙. 2008. *사별 가족 돌봄 전략*. 한국호스피스 협회, 8(2): 47-53.

한국호스피스 · 완화의료학회. 2018. *호스피스 · 완화의료*, 군자출판사.

한국호스피스완화간호사회. 2021. *호스피스완화간호*. 현문사.

지은이 소개

이지원

철학박사. 한림대학교에서 생사학을 전공했고, 생사학아카데미 대표로 춘천시 청소년육성위원회 위원과 여성친화도시조성 위원회 위원, 한국죽음교육협회 교육위원장으로 활동하고 있다. 저서로 『사람은 살던대로 죽는다』(2018, 공저), 『생사학 워크북 Ⅰ, Ⅱ』(2023, 2024년 공저), 『죽음교육의 이론과 실제[기본편]』(2024년, 공저)가 있으며, 건강한 나이 듦, 생명 존중, 올바른 웰다잉 문화 조성 등 활동과 상실 치유를 위한 애도 카페를 운영하고 있다.

정진영

한림대학교에서 연구와 강의를 하고 있다. 한림대학교에서 보건학을 전공했고 보건복지부 산하기관인 한국건강증진개발원에서 부연구위원으로 일했다. 현재는 지방자치단체 보건분야 공무원 교육과 지역사회 단위 자살예방네트워크 구축 활동에 매진하고 있다. 관심 연구주제는 자살이며, 관련 논문으로는 「특광역시와 군지역 거주 노인의 경제적 요인과 자살생각: 2009년, 2013년, 2017년 지역사회건강조사를 기반으로」(2019), 「지금도 자살하는 대한민국, 누가 왜 죽음으로 내몰리나」(2023), 「한국 중년의 사회경제적 요인과 자살행동의 관련성—성별 차이를 중심으로」(2024) 등이 있다.